ERNST TROELTSCH

BRIEFE AN FRIEDRICH VON HÜGEL 1901-1923

Konfessionskundliche Schriften
des Johann-Adam-Möhler-Instituts
Nr. 11

ERNST TROELTSCH

Briefe an Friedrich von Hügel 1901-1923

Mit einer Einleitung herausgegeben
von Karl-Ernst Apfelbacher
und Peter Neuner

VERLAG BONIFACIUS-DRUCKEREI PADERBORN

ISBN 3 87088 114 3

DRUCK BONIFACIUS-DRUCKEREI PADERBORN 1974

INHALTSVERZEICHNIS

Vorwort

Die Briefe Ernst Troeltschs an Friedrich von Hügel, die hier veröffentlicht werden, sind die einzige bisher bekannte umfangreichere Briefsammlung, die von Troeltsch erhalten ist. Da der literarische Nachlaß Troeltschs unterging, sind diese Briefe eines der wenigen privaten Zeugnisse des Mannes, der um die Jahrhundertwende als Theologe, Religionsphilosoph, Geschichts- und Kulturphilosoph wirkte und dessen Werk exemplarisch ist für jene Zeit vor und nach dem ersten Weltkrieg, die überlieferte Ideale zerbrechen sah, mühsam um neue Ideale ringen und einen neuen tragfähigen religiösen, geistigen und politischen Boden schaffen mußte.

Die Briefe eröffnen einen unmittelbaren Zugang zum Menschen Ernst Troeltsch, wie ihn dessen wissenschaftliche Werke in dieser Weise nicht zu geben vermögen. Sie zeigen seine Verbundenheit mit den Menschen seiner Zeit, ihrer geistigen Not, ihrem Suchen und Streben; sie lassen erkennen, wie er mit ihnen litt und ihnen Halt und Hoffnung geben wollte. Die Briefe geben Aufschluß über das Ziel und die wesentlichen Motive seiner theologischen, philosophischen und historischen Forschungsarbeit und seines politischen Engagements. Sie zeigen, wie die Weite seines Geistes, die Kühnheit seines Denkens und seine ursprüngliche Lebenskraft gegründet und verwurzelt waren in einer zarten, lebendigen religiösen Innerlichkeit und in einem unerschütterlichen Gottvertrauen, wie er von diesem religiösen Lebenszentrum her Kraft und Gelassenheit gewann, persönliche Schicksalsschläge zu meistern und den weltanschaulichen und politischen Kampf zu führen, in dem er letztlich den „uralten Kampf des Göttlichen gegen das Weltliche“ sah.

Diese lebendige Religiosität, verbunden mit dem Wunsch und der Fähigkeit, die Fragen der gegenwärtigen Welt aufzunehmen und sie — wie zur Zeit der Grundlegung der christlichen Religion und Theologie — zu einer neuen Synthese zu vereinigen, bewunderte Friedrich von Hügel an Ernst Troeltsch. So sind diese Briefe ein Zeugnis der geistigen Verbundenheit über die konfessionellen Grenzen hinweg aus einer Zeit, in der ökumenische Gesinnung weder modern noch kirchenamtlich willkommen war. Sie zeigen den Willen, die Reichtümer der christlichen Überlieferung, die in der anderen Kirche besonders ausgeprägt zu finden sind, in die eigene Kirche einzubringen und auf diese Weise die Kirchen aus zeitbedingten Verengungen zu befreien und zu echter „katholischer Fülle“ zu führen.

Die Briefe lassen aber auch erkennen, wie sehr Troeltsch und von Hügel darunter litten, daß beide Kirchen — jedenfalls in ihren offiziellen Äußerungen — ihnen mit schwersten Verdächtigungen und mit Verurteilungen ihrer theologischen Grundanliegen begegneten. Der Brief von 1908, in dem Troeltsch nach der kirchenamtlichen Verurteilung des katholischen „Modernismus“ von Hügel und seinen Freunden Trost spendet, ist ein eindrucksvolles Zeugnis für dieses „Leiden an der Kirche“.

Die zweite Hälfte der Briefe ist darüber hinaus ein bewegendes Dokument über die politische und wirtschaftliche Situation in Deutschland in den Jahren nach dem ersten Weltkrieg. Troeltsch war während des Krieges öffentlich für Besonnenheit und Mäßigung eingetreten. Angefeindet von Vertretern extremer Richtungen beider Seiten, erläutert er in einigen Briefen an von Hügel seine politische Haltung. Immer wieder kommt dabei seine Bestürzung über den zunehmenden Verfall der politischen Vernunft zum Ausdruck. Nicht zuletzt spiegeln die Briefe in erschütternder Weise die zunehmende Not in der Zeit der Inflation: Der deutsche Professor nimmt eine finanzielle Unterstützung von Hügels dankbar an, um damit für einige Monate die Ausgaben für Wohnung und Heizung bestreiten zu können.

Im Anschluß an die Briefe Ernst Troeltschs werden hier noch zwei Briefe von Frau Marta Troeltsch an Friedrich von Hügel vorgelegt, in denen sie sich für die Zeichen seiner Anteilnahme am unerwarteten und frühen Tod ihres Mannes bedankte. Diese beiden Briefe zeichnen mit hoher sprachlicher Ausdruckskraft ein eindrucksvolles Bild von der Persönlichkeit Ernst Troeltschs.

Die Veröffentlichung der hier vorgelegten Briefe entstand als „Nebenprodukt" der Dissertationen, die die Herausgeber über Ernst Troeltsch bzw. über Friedrich von Hügel am Institut für ökumenische Theologie der Universität München bei Professor Dr. Heinrich Fries anfertigen. Herr Professor Fries hat diese Veröffentlichung angeregt und durch seine Mithilfe und seinen Rat entscheidend gefördert — dafür sei aufrichtig gedankt. Wir danken Herrn D. MacArthur von der University Library in St. Andrews, Schottland, in deren Besitz sich die Briefe befinden, für die Publikationserlaubnis und Herrn Dr. Hubert Freilinger, München, für wertvolle Ratschläge zur Edition.

Unser besonderer Dank gilt Herrn Dompropst Professor Dr. Paul-Werner Scheele, Paderborn, der die Aufnahme dieser Veröffentlichung in die Reihe der „Konfessionskundlichen Schriften des Johann-Adam-Möhler-Institutes" ermöglichte und der das Buch in umsichtiger Weise förderte, dem Verlag Bonifacius-Druckerei, Paderborn, für die Mühen der Drucklegung, dem Johann-Adam-Möhler-Institut, Paderborn, und dem Erzbischöflichen Ordinariat München für ihre großzügige finanzielle Unterstützung.

München, März 1974

Karl-Ernst Apfelbacher *Peter Neuner*

Einleitung

Im Januar 1909 setzte die Berliner Philosophische Fakultät den Theologen Ernst Troeltsch an die erste Stelle der Berufungsliste für die Nachfolge Friedrich Paulsens. In der Begründung hieß es, man werde in Troeltsch „eine wissenschaftliche Kraft ersten Ranges für die gesamte geisteswissenschaftliche Disziplin" gewinnen, in seinen Schriften zeige sich deutlich eine Entwicklung von der Theologie zur Philosophie, man könne sich daher der Überzeugung nicht verschließen, „daß diese hohe philosophische Begabung sich in freier wissenschaftlicher Umgebung selbst noch freier und vollständiger entwickeln müßte. Vielleicht ist hier wieder ein Fall, wo der Übergang von der theologischen Fakultät zur philosophischen der Wissenschaft zum dauernden Gewinn gereichte". Dieses Urteil blieb innerhalb der Fakultät nicht ohne Widerspruch. Man wandte ein, Troeltschs bisherige Schriften böten „nicht die volle Gewähr, daß er die Unabhängigkeit des Denkens von Glaubensmotiven, die die Philosophie fordert, rückhaltlos betätigen werde". Eine Fakultätsminderheit schrieb in einer Stellungnahme an das Ministerium, sie bezweifle, daß Troeltschs „entschieden theologische Richtung ... ihm gestatten wird, eine Professur der Philosophie so auszufüllen, wie es dem Wesen der philosophischen Fakultät entspricht"[1]. Die

[1] U. Pretzel, Ernst Troeltschs Berufung an die Berliner Universität, in: H. Leussink — E. Neumann — G. Kotowski (Hrsg.), Studium Berolinense. Aufsätze und Beiträge zu Problemen der Wissenschaft und zur Geschichte der Friedrich-Wilhelms-Universität zu Berlin, Berlin 1960, S. 507-514.

Berufung Ernst Troeltschs kam damals schließlich nicht zustande.
Dieser Vorgang beleuchtet schlaglichtartig die negative Einschätzung der kirchlich gebundenen systematischen Theologie durch viele Vertreter der übrigen Wissenschaften, die glaubten, eine solche kirchliche Bindung und überhaupt jede positive Bewertung des Religiösen als ein mit sauberer wissenschaftlicher Methode nicht zu vereinbarendes Vorurteil abqualifizieren zu müssen. Umgekehrt waren viele Vertreter der damaligen protestantischen Theologie im Anschluß an Ritschl der Überzeugung, daß jeder Versuch eines wissenschaftlichen Ausgleichs von religiöser und wissenschaftlicher Weltanschauung nur zu einer Verfremdung und Verflüchtigung des wahren christlichen Glaubens führen könne.
Ernst Troeltsch stellte sich die Lebensaufgabe, diesen Gegensatz zu überwinden und den religiösen Glauben mit der Wissenschaft in Verbindung zu bringen. Er wollte zeigen, daß einerseits die Anwendung der allgemein anerkannten wissenschaftlichen Methoden eine positive Stellungnahme zu Religion und Christentum keineswegs ausschließt, daß andererseits eine Theologie, die sich rückhaltlos den allgemein üblichen wissenschaftlichen Methoden öffnet, nicht eine Gefahr für den Glauben ist, sondern Bereicherung und Förderung der christlichen Religion bedeuten kann. Man begegnete ihm dabei mit Mißtrauen auf beiden Seiten: Für viele Theologen war er zu wenig theologisch, vielen Nichttheologen galt er zwar als vorzüglicher Wissenschaftler, der aber leider dem „theologischen Aberglauben“ noch nicht genügend abgeschworen habe.
Im ganzen gesehen, hat Ernst Troeltsch, den sein

Freund Friedrich Meinecke „einen der denkwürdigsten und gewaltigsten Menschen unserer Zeit"[2] nannte, bis heute fast nur außerhalb der Theologie wirkliche Bedeutung erlangt. Sein Werk „Die Soziallehren der christlichen Kirchen und Gruppen"[3] zählt zu den Standardwerken der Sozialgeschichte und der Religionssoziologie. Das Buch „Der Historismus und seine Probleme"[4] markiert einen Höhepunkt der geschichts- und kulturphilosophischen Diskussion. Seine historischen Untersuchungen befruchten bis heute die Geschichtsschreibung. Die Arbeiten über das Naturrecht haben die rechtsphilosophische Diskussion belebt. Die „Spektator-Briefe"[5] gelten als eine der hellsichtigsten und eindringlichsten Analysen der Weimarer Republik. Innerhalb der Theologie blieb Troeltsch im wesentlichen ein viel bewunderter und noch mehr bekämpfter Außenseiter, ein „enfant terrible" der protestantischen Theologie, wie man ihn nannte.

[2] F. Meinecke, Ernst Troeltsch und das Problem des Historismus (1923), in: F. Meinecke, Zur Theorie und Philosophie der Geschichte, Stuttgart 1959, S. 367-378, hier S. 367.

[3] E. Troeltsch, Die Soziallehren der christlichen Kirchen und Gruppen (= Gesammelte Schriften, Band I), Tübingen 1912 (im folgenden abgk.: E. Troeltsch, I).

[4] E. Troeltsch, Der Historismus und seine Probleme (= Gesammelte Schriften, Band III), Tübingen 1922 (im folgenden abgk.: E. Troeltsch, III).

[5] E. Troeltsch, Spektator-Briefe. Aufsätze über die deutsche Revolution und die Weltpolitik 1918/1922, hrsg. von H. Baron, Tübingen 1924.

Ernst Troeltsch und sein theologisches Programm

Ernst Troeltsch (1865—1923) wurde in Haunstetten bei Augsburg geboren. Sein Elternhaus charakterisiert er in dem hier veröffentlichten Brief an von Hügel vom 4. 9. 1913. Von 1884 bis 1888 studierte er Theologie in Erlangen, Göttingen und Berlin. In Göttingen fühlte er sich vor allem durch Albrecht Ritschl, Paul de Lagarde und Bernhard Duhm angezogen. Nach kurzer Vikariatszeit in München habilitierte er sich 1891 in Göttingen mit einer Arbeit über „Vernunft und Offenbarung bei Johann Gerhard und Melanchthon. Untersuchung zur Geschichte der altprotestantischen Theologie"[6]. 1892 wurde er a. o. Professor für systematische Theologie in Bonn. 1894 erhielt er die ordentliche Professur für systematische Theologie in Heidelberg. Die Universität Jena hatte ebenfalls eine Berufung erwogen, aber mit der Begründung, Troeltsch sei noch zu jung, darauf verzichtet[7].

Troeltsch war — das zeigen die hier vorgelegten Briefe besonders eindrucksvoll — tief religiös. Er war überzeugt, „daß der religiöse Glaube ein Werk Gottes selbst in den Menschenherzen ist"[8], daß die Religion Zentrum und Kraft einer jeden Kultur ist und daß auch in der gegenwärtigen modernen abendländischen Kultur die überkommenen Kräfte der christlichen Lebenswelt der unentbehrliche Halt jedes geistigen Lebens bleiben. Aber er wurde sich bald darüber klar, daß die herkömmliche systematische Theologie weithin unfä-

[6] Göttingen 1891.

[7] Siehe dazu den Brief Euckens an von Hügel in Anm. 51.

[8] E. Troeltsch, Die wissenschaftliche Lage und ihre Anforderungen an die Theologie, Tübingen 1900, S. 8.

hig geworden war, die unabdingbare Bedeutung der Religion in Leben und Kultur angemessen zu reflektieren und darzutun. Angesichts der gegenwärtigen geistigen Lage – so forderte Troeltsch deshalb – müsse die Theologie gründlich umlernen; sie müsse „entschlossen, ohne kleinliche Angst ... die neuen Wege suchen, die sie in der neuen Lage zu ihrem Ziel des Verständnisses des Wesens und der Wahrheit der Religion führen können“[9].

Die Hauptursache für die Isolation der Theologie gegenüber dem allgemeinen wissenschaftlichen und kulturellen Leben lag nach Troeltsch vor allem darin, daß sie sich im wesentlichen begnügte, die Geltung und die Wahrheit des Christentums damit zu begründen, daß das Christentum seit jeher den Anspruch erhoben habe, die absolute, endgültige, unüberbietbare, einzige übernatürlich geoffenbarte Religion zu sein. Ein solcher dogmatischer Anspruch kann aber, so Troeltsch, angesichts der gegenwärtigen Religionskritik, angesichts der ins Unermeßliche gewachsenen Kenntnis der Religionsgeschichte und insbesondere angesichts der Tatsache, daß nicht nur das Christentum, sondern auch andere Religionen einen Anspruch auf Absolutheit erheben, nicht mehr als zureichende Begründung des christlichen Glaubens gelten. Troeltschs Plan war daher, die Geltung und die Wahrheit des Christentums durch eine Religionsphilosophie aufzuweisen, die sich ausschließlich allgemein anerkannter und wissenschaftlich bewährter Erkenntnismethoden bedient. Nur auf diese Weise sei es möglich, auch dem wissen-

[9] aaO., S. 9.

schaftlich gebildeten Menschen einen Zugang zur Religion zu schaffen.

Einer der wichtigsten Grundzüge der modernen Kultur war nach Troeltsch die Ausbildung des historischen Denkens, das alle Geisteswissenschaften durchdringt. Die moderne Historie betrachtet alle geltenden Normen als Erzeugnisse im Fluß der Geschichte und entkleidet sie so ihrer übergeschichtlichen Notwendigkeit und Gültigkeit. Dieses historische Denken wirkt, so sagte Troeltsch, wie „ein Sauerteig, der alles verwandelt und der schließlich die ganze bisherige Form theologischer Methoden zersprengt"[10]. Troeltsch wollte daher im Rahmen seiner Religionsphilosophie eine Geschichtsphilosophie der Religion erstellen; diese sollte aufzeigen, daß die rückhaltlose Anwendung der historischen Wissenschaft nicht notwendig zu einem allgemeinen Relativismus und Skeptizismus führen müsse, sondern unbedingte weltanschauliche Stellungnahmen und Entscheidungen ermögliche und erfordere; ferner sollte sie erweisen, daß das Christentum sehr wohl als der Höhepunkt der Religionsgeschichte und als Grundlage und Ausgangspunkt der religiösen Zukunftsentwicklung angenommen werden könne. Wegen der Bedeutung, die Troeltsch in diesem Zusammenhang der religionsgeschichtlichen Forschung beimißt, kam er bald in den Ruf eines „Systematikers der religionsgeschichtlichen Schule" — eine Bezeichnung, die deshalb nicht ganz zutreffend ist, weil es eine religionsgeschichtliche „Schule" im strengen Sinne nicht gab.

[10] E. Troeltsch, Zur religiösen Lage, Religionsphilosophie und Ethik (= Gesammelte Schriften, Band II), Tübingen 1913, S. 730 (im folgenden abgk.: E. Troeltsch, II).

Troeltsch hat eine solche Religionsphilosophie oder „prinzipielle Theologie" — wie er sie manchmal nannte — mehrfach entworfen und in Teilstücken ausgearbeitet[11], aber nie im Zusammenhang vorgelegt. In den hier veröffentlichten Briefen an von Hügel kündigte er sie immer wieder als sein „nächstes Ziel" an. Bei den Vorarbeiten stieß er jedoch stets auf Probleme, die ihn weit über das spezielle Ziel der Religionsphilosophie hinausführten zu allgemeinen erkenntnistheoretischen, geschichts- und kulturphilosophischen und historischen Untersuchungen, die gleichsam unterderhand zu wesentlichen Forschungsbeiträgen zur Grundsatzdiskussion dieser Disziplinen wurden. Aus der Frage beispielsweise, wie sich die christliche Idee in Wechselwirkung mit den jeweiligen allgemeinen kulturellen, wirtschaftlichen und sozialen Gegebenheiten unterschiedlich artikulierte, veränderte, fremdes Gedankengut aneignete und sich in einer Vielfalt von Organisationsformen ausfaltete, erwuchs die fast 1000seitige Untersuchung über „Die Soziallehren der christlichen Kirchen und Gruppen" — in Wirklichkeit eine ganze Geschichte der christlich-kirchlichen Kultur und — wie Troeltsch sagte — „eine volle Parallele zu Harnacks Dogmengeschichte"[12]. Die Frage, wie geschichtsphilosophisch erwiesen werden könne, daß das Christentum der Höhepunkt der ganzen Religionsgeschichte sei, führte Troeltsch zu prinzipiellen Erörterungen über die

[11] Vgl. E. Troeltsch, II, passim; ferner beispielsweise E. Troeltsch, Religionsphilosophie, in: W. Windelband (Hrsg.), Die Philosophie im Beginn des zwanzigsten Jahrhunderts, Heidelberg ²1907, S. 423-486.

[12] E. Troeltsch, Aufsätze zur Geistesgeschichte und Religionssoziologie (= Gesammelte Schriften, Band IV), Tübingen 1925, S. 11 (im folgenden abgk.: E. Troeltsch, IV).

geschichtsphilosophischen Voraussetzungen der allgemeinen historischen Methode[13]. Die Frage nach einer Gestalt der christlichen Idee und ihrer Institution, die der gegenwärtigen kulturellen Lage angemessen sei, erweiterte sich zum umfassenden kulturphilosophischen Problem, wie eine „gegenwärtige Kultursynthese" geschaffen werden könne, in der das Religiöse Zentrum und Kraftquelle ist[14]. Troeltsch hoffte, alle diese Arbeiten noch in eine Religionsphilosophie einbringen zu können, sein plötzlicher Tod 1923 ließ ihn nicht mehr dazu kommen.

Diese Religionsphilosophie – wie sie Troeltsch vorschwebte – soll den Anschluß der Theologie an das allgemeine geistige Leben sicherstellen und so die systematische Theologie, deren Aufgabe es ist, in Glaubenslehre und christlicher Ethik den Inhalt des christlichen Glaubens zu entfalten, von ihren „apologetischen Sorgensteinen" entlasten. Die systematische Theologie kann dann unbefangen den Blick auf die religiösen und ethischen Fragen des gegenwärtigen Menschen richten und in produktiver Neudeutung und Neuanpassung der christlichen Überlieferung an der lebendigen Gestaltung der christlichen Idee arbeiten. Sie kann den eigentlichen, in der Gegenwart bedeutsamen Inhalt der Glaubenslehre und der christlichen Ethik in der einfachsten und stärksten Konzentration darstellen, „statt mühsam einen fremden Traditionsstoff reden zu lassen, als besäße er das Geheimnis, mit der Stimme der Gegenwart zu reden"[15].

[13] Vgl. z. B.: Moderne Geschichtsphilosophie, in: Theologische Rundschau 6 (1903), später in: E. Troeltsch, II, S. 673-728; E. Troeltsch, III.
[14] Vgl. insbes. E. Troeltsch, III, S. 111-220
[15] E. Troeltsch, II, S. 552.

Troeltsch war sich darüber klar, daß eine systematische Theologie, die rückhaltlos auf die Gegenwart eingeht, letztlich zu einer tiefgreifenden Neugestaltung der christlichen Idee und ihrer kirchlichen Institutionen führen muß. Wenn man aber — wie Troeltsch — von der überragenden Macht und Bedeutung der christlichen Idee wirklich überzeugt ist, dann braucht man vor einer solchen Entwicklung keine Angst zu haben. Denn auch in der bisherigen Geschichte hat sich die christliche Botschaft nie allein aus sich selbst entfaltet und dargestellt, sondern sich stets Neues und Fremdes in lebendiger Produktivität angeeignet. Nur auf diese Weise konnte sie jene lebendige historische Macht werden, die uns heute noch bestimmt. Ebenso muß man sich nach Troeltsch darauf gefaßt machen, daß die christliche Idee auch heute noch sich in lebendiger religiöser Produktivität neue Ideen und Gedanken aneignet und mit ihnen zu einem neuen Ganzen schöpferisch verschmilzt. Und ebenso wie früher die religiösen Organisationen des Christentums nie allein aus der christlichen Idee heraus erwuchsen, sondern immer das Resultat eines Kompromisses mit den jeweiligen kulturellen Verhältnissen waren, so muß auch in der Gegenwart das Christentum angesichts der gegenwärtigen kulturellen Lage zu einer Neugestaltung der religiösen Institutionen finden[16].

Wenn man sich im Ernst darauf einstellt, daß in der gegenwärtigen Zeit des kulturellen Umbruchs auch das Christentum eine neue Gestalt gewinnen muß,

[16] Vgl. insbes. Was heißt „Wesen des Christentums"?, in: Die Christliche Welt 17 (1903), später in: E. Troeltsch, II, S. 386-451; E. Troeltsch, I, S. 965-986.

dann kann man, so betonte Troeltsch, die Identität des Christentums und die Rechtgläubigkeit des Christen nicht mehr einfach daran messen, ob irgendein Punkt der christlichen Geschichte oder irgendeine bestimmte konfessionelle Bekenntnistradition als übergeschichtlicher, unmittelbarer Glaubensgegenstand behauptet wird. Die Kirchen müssen dem individuellen Gewissen Raum geben. Wo bei aller Verschiedenheit des Glaubensverständnisses im einzelnen „der Gegensatz des persönlichen Lebens gegen die bloße Natur und Welt, die Aufgabe der Wiedergeburt und Erhöhung, die Erlösung von Schuld und Leid durch die vertrauende Hingabe an Gott, das Ethos des unendlichen Persönlichkeitswertes und der Humanität, die Hoffnung auf das Gottesreich der sich in Gott vollendenden Geister, das heißt, wo die ganze Spannung des Personalismus gegen die bloße All- und Weltvergötterung, der Überweltlichkeit gegen die Weltseligkeit, behauptet wird: da haben wir christlichen Geist und damit Christentum"[17].

Theologische und kirchliche Kritik an Ernst Troeltsch

Dieses theologische Programm stieß von Anfang an auf erbitterte Kritik bei Fachkollegen und Kirchenleitungen. Die Kritik entzündete sich vor allem an seiner These, daß der Selbstanspruch des Christentums, die einzige übernatürliche Religion zu sein, nicht als logische Voraussetzung der Theologie dienen könne, sondern die Geltung und Wahrheit des Christentums mit allgemein wissenschaftlichen Methoden aufgezeigt

[17] E. Troeltsch, II, S. 826.

werden müsse. Dies stand im Widerspruch zur Auffassung der konservativ-orthodoxen und der liberalen Theologie, die genau umgekehrt durch die Behauptung einer besonderen theologischen Erkenntnismethode die Eigenständigkeit des christlichen Glaubens gegenüber aller Wissenschaft sichern wollten. Troeltsch wurde nicht nur von den älteren Kollegen, insbesondere von den „Ritschlianern" bekämpft. Schon 1910 zog auch der erst 24jährige Karl Barth, der damals noch ganz im Banne seines Lehrers Wilhelm Herrmann stand, gegen die Religionsphilosophie und Theologie zu Felde, „die uns Jüngeren heute von Heidelberg aus als Evangelium gepredigt wird"[18]. Den Kirchenleitungen war Troeltsch zu wenig kirchlich gesinnt und zu wenig konfessionell gebunden. Seine positive Würdigung des mittelalterlichen Katholizismus in seinen „Soziallehren" brachte Troeltsch in Verdacht, er vermittle seinen Studenten ein zu günstiges Bild von der katholischen Kirche. Der Generalsuperintendent von Schleswig, Theodor Kaftan, kam in einer Streitschrift zu dem Ergebnis, Troeltsch sei eigentlich kein Theologe mehr, vielleicht nicht einmal mehr ein Christ[19]. Troeltschs Antwort lautete: Ich tröste mich damit, „daß unser Herrgott nicht der Generalsuperintendent des Universums ist, und fahre daher ganz ruhig fort, mich für einen Christen zu halten"[20].

[18] K. Barth, Der christliche Glaube und die Geschichte, in: Schweizerische theologische Zeitschrift 29 (1912), S. 1-18, 49-72, hier S. 65. Dieser Aufsatz geht auf ein Referat vom 5. Oktober 1910 zurück.

[19] Th. Kaftan, Ernst Tröltsch. Eine zeitkritische Studie, Schleswig 1912.

[20] E. Troeltsch, Die Absolutheit des Christentums und die Religionsgeschichte, Tübingen 1902, [3]1929, S. 89 (Neuausgabe

Obwohl Troeltsch vor allem bei vielen jüngeren Theologen eine populäre Theologengestalt war, blieb er doch aufs Ganze gesehen isoliert. In diesem Schicksal sah er sich in Parallele zum katholischen Modernismus, dem er sich in seiner theologischen Absicht eng verwandt fühlte. Die katholischen Modernisten wollten wie er eine Theologie, in der sich religiöse Verinnerlichung verbindet mit „ehrlichem wissenschaftlichem Wahrheitswillen". Diese Katholiken, so schrieb Troeltsch, „sind der faulen Apologetik, der dogmatisch gebundenen Exegese, der überall gefesselten Kirchenhistorie, der albernen Legenden und der Wundersucht, des überall betonten Gegensatzes gegen alle sonst bewährten wissenschaftlichen Grundsätze satt und sind doch von der Wahrheit der ethischen und religiösen Lebenssubstanz der Kirche so fest überzeugt, daß sie meinen, ehrliche Wahrhaftigkeit der Forschung und freie Innerlichkeit und Menschenliebe müßten sich finden können, müßten gerade in der großen Weltkirche eine die ganze Welt befreiende und reinigende Harmonie herstellen können, wenn man nur den Mächten der Wahrheit ehrlich den Lauf ließe"[21]. Über die Enzyklika „Pascendi dominici gregis", mit der Rom zu einem tödlichen Schlag gegen die modernistische Bewegung ausgeholt hatte, schrieb Troeltsch: „Es ist ein Tag des Schreckens und Entsetzens für das geistige Leben der katholischen Kirche, und damit auch für das aller Völker, die auf absehbare Zeit mit starken katholischen Bevölkerungsbe-

hrsg. von T. Rendtorff als Siebenstern-Taschenbuch 128, München-Hamburg 1969).

[21] E. Troeltsch, II, S. 56.

standteilen zu rechnen haben." Aber, so fügte Troeltsch hinzu, „die Sache verhält sich ja nicht so sehr viel anders auf dem protestantischen Gebiet. Auch hier kämpft kirchliche Autorität und Tradition gegen den Modernismus und ist ein Geist gleich dem der Enzyklika weder selten noch wirkungslos"[22]. Troeltsch bezweifelte immer mehr, daß die Kirchen aus sich heraus fähig sein könnten, sich durch Reformen neuen Wegen zu öffnen. Die gegenwärtigen Vorgänge sowohl in der katholischen als auch in den protestantischen Kirchen und die ganze Geschichte des Christentums legten ihm den Schluß nahe: „Wirkliche und tiefgreifende Reformen sind ... immer Revolutionen und finden nur unter schweren Kämpfen statt, welche gewöhnlich gar nicht bloß religiöse Kämpfe sind"[23]. Jedenfalls sollte jeder, der für die Reform der Kirche arbeitet, sich darüber klar sein, „daß mit etwas liberaler Theologie und etwas Gemeindebelebung dieses Ziel nicht erreicht wird. Kirchen werden nur im heißen Feuer eines allgemeinen Brandes umgeschmolzen"[24].

Angesichts der vielen Anfeindungen, denen Troeltsch ausgesetzt war, nahm er 1914 die Gelegenheit gerne wahr, eine Professur an der philosophischen Fakultät in Berlin anzunehmen. Er war es leid, immer wieder in fachtheologische Streitigkeiten hineingezogen zu werden, die er, verglichen mit den großen drängenden Problemen der Gegenwart, für „Kinderzank im brennenden Hause"[25] hielt. Sein Lehrauftrag in Berlin

[22] aaO., S. 65.
[23] aaO., S. 178.
[24] aaO., S. 181.
[25] aaO., S. 238.

lautete auf Religions-, Sozial-, Geschichtsphilosophie und auf christliche Religionsgeschichte. Als seine Berufung in Heidelberg bekannt wurde, bereiteten ihm Studenten im Kolleg „heftigste Demonstrationen", um ihn bei der theologischen Fakultät in Heidelberg festzuhalten. Troeltsch blieb bei seinem Entschluß. Zu seiner Schülerin Gertrud von Le Fort sagte er damals, so wie er die Zukunft der theologischen Fakultäten sehe, glaube er, in der philosophischen Fakultät mehr Möglichkeiten zu haben, das geistige und religiöse Bewußtsein der Menschen anzusprechen als in der Theologie[26].

Ernst Troeltschs politischer Kampf gegen den Radikalismus

Mit Kriegsbeginn griff Troeltsch ausführlich in die politische Diskussion ein. In der zweiten Hälfte seiner Briefe an von Hügel kommt er mehrfach auf seine Sicht der politischen Lage zu sprechen. Das außenpolitische Ziel des Krieges kann für ihn nur ein Verständigungs- und Vertragsfriede sein. Alle militärischen Siege können nur den einen Sinn haben, „eine Gemeinschaft von Staaten zu schaffen, die gegenseitig ihre Lebensnotwendigkeiten achten und das in Zukunft bereitwilliger als bisher durch Verhandlungen und Verständigung tun"[27]. Innenpolitisch forderte Troeltsch die Überwindung aller Klassenmentalität, die allgemeine Demokratisierung durch gleiches und

[26] G. von Le Fort, Hälfte des Lebens, München ³1965, S. 122f.
[27] E. Troeltsch, Freiheit und Vaterland, in: Deutsche Politik 3 (1918), S. 72-78, hier S. 77.

allgemeines Wahlrecht und jene sozialen Reformen, die in Deutschland auf dem Weg zu einem modernen Industriestaat notwendig sind. Ferner gilt es, allem Militarismus und allen imperialistischen Eroberungs- und Großmachtideen den endgültigen Abschied zu geben, weil sie nicht den Massen der Werktätigen, sondern nur wenigen Besitzenden nützen und überdies im Widerspruch zur großen Tradition wahren deutschen Geistes und wahrer deutscher Kultur stehen. Mehrfach arbeitete Troeltsch an Veröffentlichungen mit, die — in großer Auflage verbreitet — im Inland für diese Ideen werben und im Ausland Vertrauen zum deutschen Volk schaffen sollten[28]. Als im Juni 1917 das alldeutsche sogenannte „Komitee der Unabhängigen" eine Petition an den Reichskanzler richtete, die sich für die Eingliederung ausländischer Gebiete in das Deutsche Reich aussprach[29], verfaßte Troeltsch zusammen mit seinen Gesinnungsfreunden Hans Delbrück, Friedrich Meinecke u. a. ebenfalls eine Petition, die entschieden vor solchen annexionistischen Kriegs-

28 Vgl. E. Troeltsch, Der Geist der deutschen Kultur, in: O. Hintze — F. Meinecke — H. Oncken — H. Schumacher (Hrsg.), Deutschland und der Weltkrieg, Leipzig-Berlin 1915, S. 52-90; ders., Der Ansturm der westlichen Demokratie, in: Die deutsche Freiheit. Fünf Vorträge von Harnack, Meinecke, Sering, Troeltsch, Hintze, Gotha 1917, S. 79-113; ders., Das Wesen des Weltkrieges, in: M. Schwarte (Hrsg.), Der Weltkrieg in seiner Einwirkung auf das deutsche Volk, Leipzig 1918, S. 7-25. Weiteres ist gesammelt in E. Troeltsch, Deutscher Geist in Westeuropa. Gesammelte kulturphilosophische Aufsätze und Reden, Tübingen 1925.

29 Abgedruckt in: S. Grummbach, Das annexionistische Deutschland. Eine Sammlung von Dokumenten, die seit dem 4. August 1914 in Deutschland öffentlich oder geheim verbreitet wurden, Lausanne 1917, S. 132-140.

zielen warnte[30]. Troeltsch hatte auch führenden Anteil an der Organisation des „Volksbundes für Freiheit und Vaterland", eines Ende 1917 ins Leben gerufenen Zusammenschlusses von Gewerkschaften und anderen Berufsorganisationen mit insgesamt 4 Millionen Mitgliedern[31], der innenpolitisch als ein wirksames Gegengewicht gegen die vom ehemaligen Großadmiral von Tirpitz geführte rechtsradikale Deutsche Vaterlandspartei[32] gedacht war und im Ausland dazu beitragen sollte, die weitverbreitete Gleichsetzung der Interessen des deutschen Volkes mit den imperialistischen Großmachtideen der Rechtsradikalen zu überwinden. Wie aus den hier veröffentlichten Briefen hervorgeht, bemühte sich Troeltsch auch in vielen persönlichen Kontakten zu ausländischen Kollegen, das allgemeine Mißtrauen gegen Deutschland abzubauen.

In seinen Spektator-Briefen, in denen er im „Kunstwart" von November 1918 bis kurz vor seinem Tode die politische Entwicklung laufend kommentierte, betonte Troeltsch immer wieder, daß es keine vernünftige und gangbare Alternative zur Weimarer Republik gebe; worauf es ankomme, sei daher innenpolitisch eine wirkliche, rückhaltlose Loyalität aller zum neuen Staate, die Bildung einer breiten politischen Mitte und die dauernde Zusammenarbeit zwischen Bürgertum und Arbeiterschaft, die Absage an alle Klassenkampfparolen von links und an die nationalistischen und restaurativen Parolen von

[30] Abgedruckt: aaO., S. 409-411.

[31] Vgl. F. Salomon, Die deutschen Parteiprogramme, Heft 2: Im Deutschen Kaiserreich 1871-1918, Leipzig-Berlin [4]1932, S. 123-124.

[32] Vgl. aaO., S. 121-123.

rechts; außenpolitisch sei ein definitiver Verzicht auf jede Form imperialistischer Weltpolitik nötig — insgesamt eine „geistige Revolution" auf allen Gebieten[33].
Nach dem Krieg trat Troeltsch in die Deutsche Demokratische Partei ein, deren erster Vorsitzender Friedrich Naumann war. 1919 bis 1921 war Troeltsch auch Abgeordneter im Preußischen Landtag und ehrenamtlich Unterstaatssekretär im Preußischen Ministerium für Wissenschaft, Kunst und Volksbildung.
Troeltschs politisches Wirken blieb erfolglos. Schon während des Krieges hatten ihm rechtsgerichtete Kreise vorgeworfen, er schwäche mit seinen ständigen Friedensparolen den unerbittlichen Kriegs- und Siegeswillen des deutschen Volkes und arbeite dadurch den Feinden Deutschlands in die Hände[34]. Auch mehrere rechtsgerichtete protestantische Kirchenblätter hatten gegen ihn als einen Vertreter der „krankhaften Losung ‚Frieden um jeden Preis'" polemisiert, der keinen Sinn für die weltgeschichtliche Sendung und Größe des deutschen Volkes habe[35]. Nach dem

[33] Vgl. E. Kollmann, Eine Diagnose der Weimarer Republik. Ernst Troeltschs politische Anschauungen, in: Historische Zeitschrift 182 (1956), S. 291-319; G. M. Schwarz, Deutschland und Westeuropa bei Ernst Troeltsch, ebenda 191 (1960), S. 510-547.

[34] Vgl. H. Volkelt, Demobilisierung der Geister? Eine Auseinandersetzung vornehmlich mit Geheimrat Prof. Dr. Ernst Troeltsch, München 1918. Troeltsch erteilte dieser Schrift in seinem Aufsatz: Anklagen auf Defaitismus, in: Deutsche Politik 3(1918), S. 661-669 eine „derbe Abweisung" (hier S. 669).

[35] Vgl. G. Mehnert, Evangelische Kirche und Politik 1917-1919. Die politischen Strömungen im deutschen Protestantismus von der Julikrise 1917 bis zum Herbst 1919, Düsseldorf 1959, S. 62.

Krieg trat all das ein, wovor Troeltsch in den Spektator-Briefen zu warnen nicht müde wurde: Die breite politische Mitte konnte sich nicht konsolidieren, Revolutionen von links und Radikalismus von rechts schürten im Ausland das Mißtrauen gegen Deutschland; der Versailler Vertrag verstärkte die radikalen Strömungen in Deutschland. In der philosophischen Fakultät in Berlin konnten sich Troeltsch und seine Gesinnungsfreunde Friedrich Meinecke, Heinrich Herkner u. a. gegenüber der vor allem von Ulrich von Wilamowitz-Moellendorff nationalistisch und restaurativ inspirierten Fakultätsmehrheit nie wirklich durchsetzen. Als Mitglied der Deutschen Demokratischen Partei hatte er ebenso wie seine theologischen Parteifreunde Martin Rade, Wilhelm Bousset, Otto Baumgarten, Rudolf Otto u. a. die fast durchwegs restaurativ gesinnten und weit rechts stehenden Kirchenleitungen gegen sich; er mußte in Kirchenblättern üble Diffamierungen hinnehmen[36].

Man hat viel davon gesprochen, daß Troeltsch in den letzten Jahren seines Lebens einen resignierten Eindruck gemacht habe. Die Wurzel solcher Resignation — das lehren die Briefe an von Hügel mit erschütternder Deutlichkeit — war zweifellos nicht ein angebliches Scheitern seines wissenschaftlichen Denkens, sondern der verhängnisvolle Lauf der Ereignisse in Kirche und Politik. Der Brief vom 25. 7. 1922 spiegelt Troeltschs Erschütterung über die Ermordung seines Freundes Walther Rathenau am 24. 6. 1922 wider: „Eine tiefe Trauer wird. . . wohl nie mehr von mir weichen, solange ich lebe. Soweit ich für irdi-

[36] Vgl. aaO., S. 151-164.

sche Dinge lebte, habe ich für mein Vaterland gelebt, und ich sehe nun seinen hoffnungslosen Zerfall."

Friedrich von Hügel — der „Laienbischof der Modernisten"

Den Empfänger der Briefe, seinen „teuren Freund" Baron Friedrich von Hügel, hält Troeltsch für einen „der bedeutendsten religiösen Charakterköpfe der Gegenwart", er scheint ihm der „Patriarch und die Seele der weitverzweigten Verbindung frommer und doch fortschrittlicher Kreise"[37] im Katholizismus zu sein.

Baron Friedrich von Hügel (1852—1925), der katholische Laientheologe, den man als den bedeutendsten englischen Theologen seit Newman bezeichnete, wurde in Florenz geboren[38]. Sein Vater Karl von Hügel war österreichischer Gesandter am Großherzoglich Toskanischen Hof, ein Freund Metternichs, seine Mutter eine schottische Presbyterianerin, die zum Katholizismus übergetreten war. Seine erste Bildung erhielt von Hügel in Florenz durch eine anglikanische Erzieherin, vom 9. bis zum 16. Lebensjahr unterrichtete ihn in Brüssel ein lutherischer Pastor. Eine Schule oder Universität besuchte er nie. Als er im Alter von 21 Jahren Lady Mary Catherine Herbert heiratete, fand er seine Heimat in London. Mehrere Jahre hindurch verbrachte er die Wintermonate in Rom. Auf diesen Reisen besuchte er regelmäßig seine wissenschaftlichen Freunde in Frankreich und Deutschland.

Friedrich von Hügel konnte sich als Privatgelehrter ganz seinen wissenschaftlichen Neigungen widmen,

37 E. Troeltsch, II, S. 61.

38 Über F. von Hügel vgl. vor allem die Biographie: M. de la Bedoyère, The Life of Baron von Hügel, London 1951.

wobei er sich, nachdem er im Alter von 18 Jahren eine schwere religiöse Krise durchgemacht hatte, immer mehr um religiöse Probleme bemühte. Der neuscholastisch geprägte theologische Schulbetrieb konnte ihm dabei keine Antworten auf die Fragen bieten, die ihm sein Leben und seine Welt stellten. Sein Bestreben galt einer Fundierung der Theologie auf der religiösen Erfahrung, die ihm notwendigerweise Erfahrung der Welt umschloß, und einer Begegnung der Religion mit der Welt der modernen Wissenschaft.

Die Bemühung, wissenschaftliche Methoden für die Theologie fruchtbar zu machen, führte von Hügel zuerst in die Schriftexegese. Eine wissenschaftliche Beschäftigung mit der Bibel erschien ihm nur mit den Methoden der historischen Kritik möglich. Er schloß sich weitgehend an die Ergebnisse der eschatologischen Schule von Johannes Weiß und Albert Schweitzer an. Entscheidend wurde für ihn aber seine Freundschaft mit Alfred Loisy, mit dem er von 1893 an in intensivem Briefverkehr stand. Alfred Loisy (1857 bis 1940) war seit 1881 Professor für biblische Exegese am Institut catholique in Paris. Seine konsequent kritisch-historische Arbeit an der Schrift brachte ihn von 1892 an in ununterbrochene Konflikte mit der herrschenden neuscholastisch-konservativen Schule. 1893 wurde er als Professor amtsenthoben. 1902 erschien als Gegenschrift gegen Adolf v. Harnacks „Das Wesen des Christentums" sein Buch „L'Évangile et l'Église", das zur Programmschrift des Modernismus werden sollte[39]. Dieses Buch wurde 1903 indiziert, Loisy

[39] A. Loisy, L'Évangile et l'Église, Paris 1902, ^{5}1930. Die nicht veröffentlichte erweiterte zweite Auflage wurde ins Deutsche

1908 exkommuniziert. F. von Hügel verteidigte Loisy auch noch nach dessen Exkommunikation. Die Freundschaft wurde dann aber durch Loisys Entwicklung auf eine — wie von Hügel meinte — fast ausschließlich humanistisch geprägte Weltanschauung hin getrübt.

F. von Hügel widmete sich der Aufgabe, „die alte Kirche intellektuell so wohnlich zu machen, wie ich es vermag“[40]. Sein Bestreben, dem Glauben ein rational verantwortbares Fundament zu geben, führte ihn im Laufe seines Lebens immer mehr zur Religionsphilosophie, in der er sich besonders um den Aufweis der Gotteserfahrung bemühte und vom Konkreten her einen Zugang zu Gott eröffnen wollte[41].

In diesem Bestreben wurde Tyrrell sein engster Weggefährte. George Tyrrell (1861—1909) stammte aus anglikanischer Familie. Er konvertierte mit 18 Jahren zum Katholizismus und trat bald darauf in den Jesuitenorden ein. Die Begegnung mit der Mystik verursachte seinen Bruch mit der Neuscholastik. Er widmete sich nun ganz der Darstellung des inneren Lebens, der religiösen Erfahrung, in der er die Grundlage alles kirchlichen und religiösen Lebens und damit auch aller Theologie sah. F. von Hügel führte den Jesuiten in die

übersetzt: Evangelium und Kirche, München 1904. Von Hügel begrüßte Loisys Buch begeistert und sorgte für seine Verbreitung. Troeltsch über Loisy vgl.: Der Modernismus, in: E. Troeltsch, II, S. 45-67; Was heißt „Wesen des Christentums“?, in: E. Troeltsch, II, S. 386-451; Katholizismus und Reformismus, in: Internationale Wochenschrift für Wissenschaft, Kunst und Technik 2 (1908), Sp. 15-26.

40 F. von Hügel, Briefe an seine Nichte, übertragen und eingeleitet von K. Schmidthüs, Freiburg 1938, S. 75.

41 Vgl. P. Neuner, Friedrich von Hügels Bild von der Kirche. Kirchenvorstellung im Modernismus und moderne Kirchenreform, in: Stimmen der Zeit 189 (1972) S. 25-42.

historisch-kritische Exegese und in die Religionsphilosophie Rudolf Euckens und Ernst Troeltschs ein. Er blieb einer seiner wenigen Freunde, auch nachdem Tyrrell 1906 aus dem Orden ausgeschlossen und 1907 exkommuniziert worden war.

Besonders seit der Jahrhundertwende führte von Hügel einen überaus umfangreichen Schriftverkehr mit all den Theologen, von denen er sich eine Neuorientierung der Theologie erhoffte, bei denen er Antworten auf die Fragen der Gegenwart fand und die ihm nicht nur eine unbewegte und darum auch nicht bewegende „Wahrheit" zu vermitteln schienen. Er stand im Briefwechsel u. a. mit Albert Ehrhard, Franz X. Kraus, Sebastian Merkle, Herman Schell, Friedrich Heiler, mit den Franzosen Maurice Blondel, Lucien Laberthonnière, Marcel Hébert, Albert Houtin, Erzbischof Eudoxe-Irénée Mignot, Henri Bremond, mit den Italienern Giovanni Semeria, Romolo Murri, Ernesto Buonaiuti und Antonio Fogazzaro. Er bemühte sich darüber hinaus, die genannten Theologen über die Grenzen hinweg miteinander bekannt zu machen und ihre Werke in seinem Freundeskreis zu verbreiten. Dabei kam ihm besonders zugute, daß er gleich gut Englisch, Französisch, Italienisch und Deutsch sprach.

Nicht zuletzt die Bemühungen von Hügels, die Theologen, die man oft als „Reformkatholiken" bezeichnete, in ganz Europa untereinander in Kontakt zu bringen, führte dazu, daß die Vertreter der streng neuscholastisch geprägten Theologie in diesen Männern eine einheitliche Schule vermuteten, in der sie eine Verschwörung gegen die Kirche, ihre Tradition und ihre Autorität erblickten. So wurden diese

Theologen geschlossen von kirchlich-traditionalistisch gesinnten Kreisen mit dem einheitlichen Verdacht und Verdikt des „Modernismus“ belegt. F. von Hügel erschien als der „Laienbischof der Modernisten“, man sagte über ihn: „Durch seine Hand scheinen die internationalen Fäden des Modernismus zu laufen“[42].

F. von Hügel löste die Bewegung, die als „Modernismus“ verurteilt wurde, bis zu einem gewissen Grad aus, er nahm aktiv an ihr Anteil und ermunterte besonders Loisy und Tyrrell immer wieder, in ihrem Bemühen fortzufahren. An dem Punkt aber, an dem es zum Bruch mit den offiziellen kirchlichen Autoritäten kam, drängte er nicht nur seine Freunde zu einer Mäßigung wenigstens in der sprachlichen Form ihrer Angriffe, sondern blieb auch persönlich sehr zurückhaltend.

Die Schicksalsstunde des Modernismus schlug 1907, als am 3. Juli das Dekret des Sanctum Officium „Lamentabili“ und am 8. September die Enzyklika Papst Pius' X. „Pascendi dominici gregis“ eine Verwerfung aller modernen Wissenschaft und ihrer Methoden für die Theologie brachten und alle theologischen Neuansätze unterdrücken wollten[43]. Härteste Strafen wurden verhängt: Schon allein die Kritik an der Enzyklika und an dem als „Neuer Syllabus“ bezeichneten Dekret der Glaubensbehörde hatte die automatisch eintretende Exkommunikation zur Folge. Während Tyrrell, die italienischen Modernisten unter

42 J. Kübel, Geschichte des katholischen Modernismus, Tübingen 1909, S. 144.

43 Vgl. P. Neuner, „Modernismus“ und kirchliches Lehramt. Bedeutung und Folgen der Modernismus-Enzyklika Pius' X., in: Stimmen der Zeit 190 (1972) S. 249-262.

der Federführung Buonaiutis und Alfred Loisy leidenschaftlich protestierten und sich damit den Ausschluß aus der Kirche zuzogen, blieb von Hügel, jedenfalls in der Öffentlichkeit, sehr zurückhaltend. Er tat alles, was er redlicherweise mit seinem Gewissen vereinbaren konnte, um kirchlicher Maßregelung zu entgehen; und er hatte Erfolg: Er wurde nicht persönlich exkommuniziert, keines seiner Werke kam auf den Index, keines erschien allerdings mit dem bischöflichen Imprimatur.

Diesen Erfolg verdankte von Hügel neben seiner diplomatischen Vorsicht vor allem dem Einfluß einiger seiner Freunde und Verwandten in höchsten kirchlichen Kreisen in England und Rom, seiner persönlichen Frömmigkeit und der Tatsache, daß sein erstes größeres Buch erst 1908 erschien[44], besonders seiner Stellung als angesehener katholischer Laientheologe. Der Abt Dom Cuthbert Butler, mit dem er eng befreundet war, vermutete in einem Nachruf, die Gefahr der Exkommunikation habe entgegen den Befürchtungen von Hügels nie bestanden, weil seine Schriften „von einer Art waren, die wenig dazu angetan war, daß sie viele Leser außerhalb der Kreise finden würden, für die sie bestimmt waren"[45].

F. von Hügels Leser waren in der überwiegenden Mehrzahl Nicht-Katholiken. Er war im ökumenischen Gespräch in England als dialogfähiger und dialog-

[44] F. von Hügel, The Mystical Element of Religion as Studied in Saint Catherine of Genoa and her Friends, 2 Bände, London 1908, ²1923.

[45] D. C. Butler, in: The Tablet vom 14. 2. 1925, abgedruckt in: ders., Religions of Authority and the Religion of the Spirit, London 1930, S. 179-185.

bereiter Katholik geschätzt, und diese Stellung — so vermutete Butler — wollte Rom nicht untergraben. Die Vorträge und Aufsätze, die in den beiden Bänden „Essays and Addresses on the Philosophy of Religion"[46] zusammengefaßt sind, wurden fast ausschließlich vor nichtkatholischem Auditorium gehalten bzw. in nichtkatholischen Zeitschriften erstmals veröffentlicht. F. von Hügel war Mitbegründer der „London Society for the Study of Religion", in der 1904 bis 1926 Christen verschiedener Konfessionen, Juden und Freireligiöse sich um die Erforschung des religiösen Phänomens bemühten und sich zur gegenseitigen Anregung trafen. Er wurde in erstaunlichem Maße besonders auch von Nichtkatholiken um seelsorglichen Rat gebeten. Seine „Briefe an seine Nichte", eine Anglikanerin, die er in keiner Weise zur Konversion zu veranlassen suchte, zeigen besonders eindrucksvoll den Ernst, mit dem er sich dieser Aufgabe widmete, und den Respekt vor religiösen Überzeugungen, die nicht mit den seinen übereinstimmten.

Bis in die Gegenwart hinein scheint von Hügel im evangelischen Bereich bekannter zu sein als in katholischen Kreisen: Er ist einer der ganz wenigen Katholiken, die in dem Buch „Tendenzen der Theologie im 20. Jahrhundert. Eine Geschichte in Porträts" von einem evangelischen Theologen, nämlich von Wilhelm Dantine, vorgestellt werden. Dantine urteilt: „Der Freiherr Friedrich v. Hügel will uns als eine prophetische Gestalt erscheinen, die die Kirche in das ökumenische

46 Band I, London-New York 1921; Band II, London-New York 1926 (posthum).

Zeitalter weist"[47]. So war es für von Hügel eine Erfüllung seines Lebenswerkes, als ihm die Universität Oxford 1920 als dem ersten Katholiken seit der Reformation die Ehrendoktorwürde der Theologie verlieh. Er folgte zeitlebens der Maxime, die ihm der von ihm hochgeschätzte Abbé Huvelin 1886 gegeben hatte: „Man wird niemals dazu kommen, Ihren Geist einzuschränken und einzuengen: Seien Sie gewissenhaft — die Orthodoxie wird dem Gewissen folgen"[48].
Die Weite seines Geistes brachte von Hügel auch mit sehr vielen evangelischen Theologen in Kontakt. Er stand in Briefwechsel u. a. mit Nathan Söderblom, Adolf v. Harnack, Albert Schweitzer, Rudolf Otto, Heinrich Julius Holtzmann, Adolf Deißmann, mit Rudolf Eucken und mit Ernst Troeltsch.

Die Freundschaft zwischen Friedrich von Hügel und Ernst Troeltsch

F. von Hügel wurde auf Ernst Troeltsch schon 1896 aufmerksam. Er schrieb darüber, mehr als ein Vierteljahrhundert später, in seinem Nachruf auf Troeltsch: „Im Jahre 1896, als ich vierundvierzig und Dr. Troeltsch einunddreißig Jahre alt war, lernte ich ihn zum ersten Male als Verfasser der Aufsätze über ‚Die Selbständigkeit der Religion' kennen, und 1899 vertiefte ich mich in seine Arbeiten über Metaphysik und Geschichte. Wohl besaß ich schon 1896 gereifte und

[47] W. Dantine, Friedrich von Hügel, in: H. J. Schultz (Hrsg.), Tendenzen der Theologie im 20. Jahrhundert. Eine Geschichte in Porträts, Stuttgart-Olten, S. 50-55.
[48] Abgedruckt in: F. von Hügel, Selected Letters 1896-1924, hrsg. v. B. Holland, London-Toronto-New York 1927, S. 59.

wohlerwogene Überzeugungen; aber mich verlangte danach, sie noch in einem anderen Geist wiederzufinden, der sie sich auch durch langsames, strenges Nachdenken, durch inneren Zwang und durch Leiden, in gleicher Weise wie ich, zu eigen gemacht hatte. Und nun fand ich, mit freudigem Erstaunen, dies alles, in unerhörter Fülle und Klarheit, in den Arbeiten dieses jungen Mannes"[49].

Im Frühjahr 1897 fragte von Hügel bei Rudolf Eucken, mit dem er schon seit mehr als einem Jahr in Briefkontakt[50] stand, in Jena an, wie er zu Ernst Troeltsch stehe. Gleichzeitig bat er ihn, einen Aufsatz Laberthonnières, den er ihm zusandte, an Troeltsch weiterzuleiten[51]. Dies scheint seine erste Kontakt-

49 F. von Hügel, Ernst Troeltsch. To the Editor of the Times, in: The Times Literary Supplement (29. 3. 1923) S. 216; deutsch in: Die Christliche Welt 37 (1923) Sp. 311-315.

50 Rudolf Eucken (1846-1926), Philosoph in Jena, 1908 Nobelpreis für Literatur. Von Hügel hatte von 1896 bis 1914 sehr engen persönlichen und brieflichen Kontakt mit Eucken. Bei Eucken wurden zwei Dissertationen über von Hügels Religionsphilosophie erstellt. Der Kontakt wurde nach dem Krieg wegen der politischen Einstellung Euckens nicht wieder aufgenommen.

51 Aus dem Antwortbrief Euckens an von Hügel vom 27. 6. 1897: „Was Prof. Tröltsch anbelangt (dem ich natürlich das für ihn bestimmte Exemplar von Laberthonnière zugesandt habe), so hat er ein größeres prinzipielles Werk noch nicht geschrieben, sondern nur ein Buch dogmengeschichtlicher Art: ‚Die Dogmatik bei Melanchthon und Paul Gerhard' (so heißt, glaube ich, der Titel des Buches, das ich mir vor einigen Jahren etwas näher ansah, als seine Berufung hierher, als Lipsius' Nachfolger, mit in Frage stand). Auch dies dogmengeschichtliche Werk enthält vieles, was den Philosophen interessieren kann, es zeigt zugleich ein gewaltiges Wissen und ein klares Denken. Von niemandem unserer Theologen erwarte ich mehr für die wissenschaftliche Förderung des religiösen Problems als von ihm. Es war sehr verdrießlich,

aufnahme mit Troeltsch gewesen zu sein. Über Eucken kam er auch in Kontakt mit dessen Schülern Max Scheler[52] und Julius Goldstein[53], die wiederum mit Troeltsch in Verbindung standen und diesem über von Hügel berichteten.

daß man hier vor einigen Jahren wegen seiner Jugend und angeblich noch nicht genügend ausgeprägten Richtung Anstand nahm, ihn hierher zu berufen, während die Heidelberger alsbald zugriffen. Durch die damaligen Kämpfe habe ich mich mit unserer theologischen Fakultät dauernd verfeindet, was mir aber wenig Schmerzen macht. Die Theologie ist hier jetzt in unablässigem Sinken, meine eigenen Zuhörer sind mehr aus allen anderen Fakultäten als aus der theologischen. Sollte übrigens Tröltsch irgend etwas Größeres veröffentlichen, so werde ich Sie sofort darauf aufmerksam machen." — Den richtigen Titel des genannten Buches von Troeltsch vgl. oben S. 14.

52 Max Scheler (1874-1928). Von Hügel lernte Scheler durch dessen Lehrer Rudolf Eucken kennen. In den Briefen Euckens an von Hügel wird Scheler erstmals am 4. 4. 1899 als „ein sehr tüchtiger Schüler von mir" ... genannt. Ähnliche lobende Erwähnungen Schelers finden sich in den Briefen Euckens bis 1906, als er den Kontakt mit Scheler aus persönlichen Gründen völlig abbrach.

53 Julius Goldstein (1873-1929), Schüler Euckens in Jena, ab 1910 Professor für Philosophie an der Technischen Hochschule Darmstadt, 1925-1929 Herausgeber der jüdischen Zeitschrift „Der Morgen".
In einem Brief vom 12. 9. 1904 an von Hügel schrieb Eucken über die finanzielle Notlage Goldsteins, der als Privatdozent in Darmstadt über kein festes Gehalt verfügte und der als „Jude auch bei unbestrittener Tüchtigkeit bei uns außerordentliche Widerstände zu überwinden" hat. Daraufhin übersandte von Hügel als Spende eines „ungenannten Gönners" über mehrere Jahre hinweg an Eucken jährlich 50 Pfund, die Eucken in Raten zu je 250 Mark pro Quartal an Goldstein überwies. Goldstein durfte in diesem Zusammenhang den Namen von Hügels nicht erfahren. Es dürfte kein Zweifel sein, daß der „ungenannte Gönner", von dem im Schriftwechsel zwischen Eucken und von Hügel immer wieder die Rede ist, von Hügel selbst war.

Den unmittelbaren Kontakt mit Troeltsch nahm von Hügel durch einen Brief auf, der wohl anfangs 1901 geschrieben wurde, die Antwort Troeltschs ist auf den 13. 4. 1901 datiert. Bereits ein Jahr nach Beginn des Briefwechsels kam es zum ersten und einzigen persönlichen Treffen. F. von Hügel reiste mit seiner Frau von Rom über Genua nach Heidelberg. Sein Tagebuch berichtet, daß Troeltsch den Baron am 3. Mai 1902 in dessen Hotel besuchte, den folgenden Tag verbrachte von Hügel in der Familie Troeltschs. Am 5. Mai fuhr von Hügel weiter nach Jena, um dort Eucken, Scheler und von Dobschütz zu treffen[54].

Von diesem Treffen an war von Hügel — wie die Briefe zeigen — bemüht, Troeltsch zu einem Besuch nach London zu bewegen; vor allem erhoffte er sich einen Vortrag vor der London Society for the Study of Religion. Ein Besuch war erstmals im Anschluß an eine Amerikareise Troeltschs 1904 vereinbart worden, doch Troeltsch mußte wegen des Todes seiner Schwiegermutter die Reise abkürzen und das Treffen in London absagen. Neuerliche Einladungen ergingen im Frühjahr 1906 und 1907. Hier war aber ein Besuch wegen der Arbeitsüberlastung Troeltschs, der in diesem Jahr Rektor der Universität Heidelberg war, nicht möglich.

Einen neuen Versuch, Troeltsch zu einem Besuch und zu einer breit angelegten Vortragsreise nach England zu holen, unternahm von Hügel nach dem ersten Weltkrieg[55]. Für Troeltsch eröffnete sich hier eine

[54] Vgl. L. F. Barmann, Baron Friedrich von Hügel and the Modernist Crisis in England, Cambridge 1972, S. 92.

[55] Vgl. Troeltschs Briefe an von Hügel, ab Nr. 13; ferner M. de la Bedoyère, The Life of Baron von Hügel, S. 344-347.

Möglichkeit, in England das Vorurteil vom angeblich chauvinistischen Deutschen abbauen zu helfen. F. von Hügel wollte Vorlesungen an den Universitäten von London, Oxford und Cambridge und vor der London Society for the Study of Religion arrangieren. London sprach eine Einladung aus. Cambridge lehnte es dagegen rundweg ab, einen deutschen Professor sprechen zu lassen. In Oxford versuchte eine Gruppe von Professoren unter der Wortführung von Professor Sherrington, diese Einladung zu verhindern, und zwar mit dem Vorwurf, Troeltsch sei Chauvinist. Schließlich gelang es Professor C. C. J. Webb, einem Freund von Hügels, die Einladung nach Oxford gegen alle Widerstände durchzusetzen, nachdem Troeltsch in einem Brief seine politische Einstellung während des Krieges dargelegt hatte. Außerdem sollte Troeltsch einen Vortrag vor einer christlichen Studentengruppe halten. Dies wurde jedoch mit dem Vorwurf abgelehnt, Troeltsch sei nicht rechtgläubig genug. Der Einladung zu einer Vorlesung im Manchester College in Oxford leistete Troeltsch auf Anraten von Hügels nicht Folge. Schließlich wurde das mühsam zustande gekommene Reiseprogramm noch durch Vorträge vor dem New College in Edinburgh und dem Christian Student Movement ergänzt. Die Vorträge sollten Mitte März 1923 stattfinden.

F. von Hügel ließ zur Erstellung dieses Programms noch einmal wie beim Höhepunkt der Modernismuskontroverse alle Beziehungen spielen: er riet Troeltsch, wo er sprechen solle und wo nicht, er vereinbarte mit ihm die Themen, übersetzte ihm die Vorträge ins Englische und machte ihm klar, welchen Vortragsstil er vor welchem Auditorium anzuschlagen habe. Als besondere Schwierigkeit erwies sich für diese Reise die finanzielle Lage des deutschen Professors unmittelbar vor dem Höhepunkt der Inflation. Auch hier wirkte von Hügel unermüdlich. Er vermittelte ein ausreichendes Vortragshonorar, das die Durchführung der Reise ermöglichte, lud Troeltsch als Gast zu sich nach London, schickte ihm Geld und sorgte sich bis hin zur standesgemäßen Kleidung, die Troeltsch bei den Vorlesungen tragen sollte.

Kurz vor Antritt der Reise starb Ernst Troeltsch am 1. Februar 1923. Fünf Tage später schrieb von Hügel in einem Brief an C. C. J. Webb, der die Einladung nach Oxford ermöglicht hatte: „Troeltschs Tod ist der schwerste Schlag, den ich erlitten habe, seit meine geliebte älteste Tochter im August 1915 in Rom starb, und aus meinem früheren Leben ist dem nichts zu vergleichen als der Tod meiner Schwester und — weit zurückliegend — der Tod meines Vaters, als ich 18 Jahre alt war“[56].

F. von Hügel wollte nach dem Tod Ernst Troeltschs dessen Vorträge in Oxford und vor der London Society verlesen, mußte aber mit Rücksicht auf seine angegriffene Gesundheit die Fahrt nach Oxford absagen. Er konnte allerdings noch eine Veröffentlichung der Vorträge, die Troeltsch für England ausgearbeitet hatte, in deutscher und englischer Sprache besorgen[57].

56 Zit. bei Bedoyère, aaO., S. 346.

57 E. Troeltsch, Christian Thought, its History and Application, London 1923; deutsch: E. Troeltsch, Der Historismus und seine Überwindung. Fünf Vorträge. Eingeleitet von F. von Hügel, Berlin 1924.

Würdigung der Theologie Ernst Troeltschs durch Friedrich von Hügel

1914 schrieb von Hügel in der amerikanischen Zeitschrift „Constructive Quarterly", die sich besonders um den ökumenischen Gedanken bemühte, zwei Aufsätze über Ernst Troeltsch unter dem Titel: „On the Specific Genius and Capacities of Christianity, Studied in Connection with the Works of Professor Ernst Troeltsch"[58]. Er rechtfertigte dieses Unternehmen: „Mehr als zwanzig Jahre habe ich nun ganz erheblich von Troeltsch gelernt, und zwar sowohl in Fragen, in denen ich immer noch respektvoll, aber entschieden anderer Meinung bin als er, als auch dort, wo ich freudig von Anfang an aus ganzem Herzen mit ihm übereinstimmte. Vielleicht kein Engländer, wahrscheinlich aber kein Amerikaner kennt seinen Geist und seine Werke so genau wie ich"[59].

In diesen Aufsätzen nehmen die Zitate aus Troeltschs Werken einen breiten Raum ein; von Hügel wollte dessen Arbeiten im englischen Sprachbereich möglichst bekannt machen. Er stellte dabei vor allem folgende Werke Ernst Troeltschs vor: „Grundprobleme der Ethik"[60], eine sehr ausführliche Kritik an Wilhelm Herrmann; „Was heißt ‚Wesen des Christentums'?"[61], eine Auseinandersetzung mit Adolf v. Harnack und Alfred Loisy; und vor allem die „Soziallehren der christlichen Kirchen und Gruppen"[62].

58 Abgedruckt in: F. von Hügel, Essays and Addresses on the Philosophy of Religion, I, S. 144-194.

59 aaO., S. 145f.

60 E. Troeltsch, II, S. 552-672.

61 E. Troeltsch, II, S. 386-451.

62 E. Troeltsch, I.

F. von Hügel gibt hier an, welches Interesse ihn bei diesen Aufsätzen leitete, nach welchen Kriterien er die Texte auswählte: „Ich wünsche und hoffe, ein treuer Katholik zu sein. Aber gerade die Überzeugungen und Haltungen, die ich in meinem eigenen Leben für die zentralsten katholischen erachte, erscheinen mir in stets zunehmendem Maße der Hilfe dessen zu bedürfen, was in Troeltschs positiven Überzeugungen am meisten lebenskräftig und reich ist“[63]. Er will die positiven Überzeugungen Troeltschs für den Katholizismus fruchtbar machen.

Der „Katholizismus“ läßt sich nach von Hügel vor allem im Bild der Fülle, des Reichtums, der Umfassendheit darstellen. Im Katholizismus sieht er alle menschlichen Möglichkeiten und Fähigkeiten aufgenommen und realisiert, alle Kräfte der Religion zur vollen Wirkung entfaltet. Unvermeidbar ergibt sich nach von Hügel aus dieser katholischen Fülle verschiedener Kräfte, Strömungen und Elemente eine unaufhebbare Spannung und Reibung innerhalb des Katholizismus, aber gerade darin gründet seine Fruchtbarkeit und Dynamik. Die weite Fülle des religiösen und nicht-religiösen Lebens allein kann eine Harmonie des Katholischen, eine Balance ermöglichen, die immer leidvoll, immer gefährdet, aber gerade deswegen immer fruchtbar sein wird. Diese Fülle, diesen wahrhaft „katholischen“ Denkansatz, der jede schnelle und einfache Lösung komplexer Probleme ausschließt, findet und schätzt von Hügel bei Troeltsch.

Hier ist zu beachten, daß von Hügel in diesem Zusammenhang immer vom „Catholicism at its best“,

[63] F. von Hügel, Essays and Addresses I, S. 146.

also vom Katholizismus in seiner bestmöglichen Verwirklichungsform, spricht. Er weiß genau, daß der konfessionelle Katholizismus seiner Zeit sich vom Katholizismus „at its best" gerade dadurch unterscheidet, daß er diese Fülle preisgibt und sich immer mehr in eine ihm wesensfremde Enge zurückzieht. Wenn von Hügel Troeltsch Unverständnis hinsichtlich des Katholizismus vorwirft, so muß er doch zugestehen, daß im offiziellen Katholizismus seiner Zeit wenig vom Katholizismus „at its best" zu erkennen ist. „Mein Freund wird einwenden, daß ich mit dem Kopf in den Wolken lebe, daß ich von einem Katholizismus aus argumentiere, der in den offiziellen Äußerungen der römisch-katholischen Kirche immer weniger sichtbar wird"[64]. Gerade die Weite und Umfassendheit des Denkens Troeltschs, die von Hügel für seine Kirche fruchtbar machen will, soll helfen, deren konfessionelle Enge zu überwinden und sie wieder echt „katholisch" zu machen.

In diesem Zusammenhang greift von Hügel vor allem auf Troeltschs Darstellung des Kirchentypus als einer legitimen Verwirklichungsform des Christentums zurück. Den Typus Kirche in der Ausgestaltung des Christentums sieht von Hügel im Katholizismus „at its best" verwirklicht. Vor allem schätzt und zitiert er die historischen Passagen bei Troeltsch, in denen die mittelalterliche Kirche in ihrer reichen Fülle und Umfassendheit dargestellt wird. Im „goldenen Mittelalter", besonders in der Theologie des Thomas v. Aquin, den er durch Troeltsch kennen und schätzen lernte, sieht er diese katholische Fülle verwirklicht.

[64] aaO., S. 146.

Von Troeltsch und gerade von dessen Arbeiten über das Mittelalter erhofft sich von Hügel einen Ansatz, der beitragen kann, daß der offizielle Katholizismus seiner Zeit die Einseitigkeiten und Kurzschlüssigkeiten, die in der Reduzierung des Katholischen auf institutionalisierte Kirchlichkeit gründen, überwindet, seine bedrückende Engstirnigkeit, die sich vor allem in der Modernismuskontroverse zeigte, aufbricht, neue Lebenskraft im geistigen Austausch mit der Welt erlangt und dadurch wieder dem Katholizismus „at its best" ein wenig näher kommt.

Hier setzt nun aber auch die Kritik von Hügels an Troeltsch an. Er kritisiert ihn, wo seine Überzeugungen mit katholischen Vorstellungen nicht in Einklang zu bringen sind. Er wendet sich dabei besonders gegen Troeltschs Subjektivismus und gegen seine anti-sakramentale Einstellung.

F. von Hügel versucht, den religiösen Troeltsch vor dem philosophischen Troeltsch zu retten. Religiös besteht Troeltsch nach Meinung von Hügels auf den objektiven Gegebenheiten des Glaubens, auf einem transzendenten, persönlichen Gott, auf der Notwendigkeit von Kirche, Kult und Überlieferung, während er philosophisch in zunehmendem Maße alle Allgemeingültigkeit und Verbindlichkeit dieser Aussagen in Frage stellt. „Der religiöse Troeltsch fördert und erwärmt uns religiös, aber der philosophische Troeltsch hemmt und bedrückt uns oft gleichzeitig philosophisch, tatsächlich aber auch religiös, denn schließlich ist die Seele des Menschen kein Kriegsschiff, das in verschiedene wasserdichte Kabinen aufgeteilt ist"[65]. Erst

[65] aaO., S. 187.

ein philosophischer Realismus, eine „Überwindung des Historismus", könnte nach Meinung von Hügels die religiösen Impulse in den Werken Troeltschs voll zur Geltung bringen.

Ein zweiter Punkt der Kritik bezieht sich auf Troeltschs Einschätzung der Sakramente. Er ist sich mit ihm einig, daß eine magische Auffassung der Sakramente als gnadeneinflößende Mittel nicht akzeptabel sein kann. Trotzdem meint er — und darin drückt sich besonders pointiert sein katholischer Standpunkt aus —, daß Troeltsch die Sakramente zu wenig hoch einschätzt. Von Hügel begründet seine Hochschätzung der Sakramente mittels der Psychologie und der Erkenntnistheorie: nur durch äußere Anstöße, die durch die Sinne vermittelt werden, ist eine Ausgestaltung geistiger Fähigkeiten und damit eine innere Förderung möglich. Darum sind auch im religiösen Bereich äußere Zeichen, also Sakramente, für ein Wachsen im Geiste unumgänglich notwendig.

Nach Troeltschs Tod faßte von Hügel zusammen, was ihn an den Briefen, die hier vorgelegt werden, so sehr berührte: „Von April 1901 bis Januar 1923 klingt, in seinen Briefen an mich, wieder und immer wieder, nie gesucht, nie banal, nach bedrückendstem Leid wie in alles verklärender Freude, der unerschütterte, tief innerliche, stählende Kraft bringende Glaube an Gott - und an den vollen, lebendigen Gott der Christen. Und zugleich damit und darin, unverblaßt, frisch wie in den Kindesjahren, nur vertieft und erweitert im Mannesgeist und Manneswillen, das Bild des Heilandes, jenes Jesus, der ihm, bis zuletzt, die höchste Macht Gottes in der erniedrigtsten Menschengestalt verblieb ... Und wir, seine Getreuen, werden uns dann ohne Rückhalt freuen dürfen über solches Fortwirken, hienieden, des Mannes, der uns so viel war, der uns so viel ist, der uns so viel für immer bleiben wird"[66].

Zur Edition der Briefe

Die Originale der hier veröffentlichten Briefe von Ernst Troeltsch und Marta Troeltsch an Friedrich von Hügel sind unter der Archivnummer MS 3075 — MS 3100 im literarischen Nachlaß von Hügels in der University Library St. Andrews, Scotland, aufbewahrt. Die Briefe werden vollständig und ungekürzt wiedergegeben; aus ihrem Inhalt und aus der Archivnumerierung ergeben sich keine Anhaltspunkte, daß Briefe von Troeltsch an von Hügel verlorengegangen sind. Die Briefe von Hügels an Troeltsch wurden teilweise auf Verlangen von Hügels nach Erhalt vernichtet[67]; der Rest ist wohl mit dem literarischen Nachlaß Troeltschs untergegangen. Unter den mehr als tausend Briefen, die in St. Andrews aufbewahrt werden, befinden sich auch 95 Briefe von Rudolf Eucken an von Hügel, aus denen hier in mehreren Anmerkungen zitiert wird[68].

Ernst Troeltsch schrieb die Briefe an von Hügel entgegen seiner sonstigen Gewohnheit in lateinischer

66 F. von Hügel in der Einleitung zu E. Troeltsch, Der Historismus und seine Überwindung, S. XI-XII.

67 Vgl. unten S. 147.

68 Vgl. oben Anm. 51ff. — In der Universitätsbibliothek Jena sind 7 teilweise sehr umfangreiche Briefe von Hügels an Eucken erhalten. Der Briefwechsel von Hügel-Eucken ist unveröffentlicht.

Schrift. Eine Reihe von Flüchtigkeiten lassen darauf schließen, daß sie meist in Eile niedergeschrieben wurden. Mehrfach stehen die letzten Zeilen quer am seitlichen Rand oder am noch freien oberen Rand.

Bei der Textwiedergabe waren folgende Prinzipien leitend: Rechtschreibung, Groß- und Kleinschreibung, Zusammen- und Getrenntschreibung und die Interpunktion wurden stillschweigend nach den heute gültigen Regeln geändert (Beispiele: thut → tut; giebt → gibt; Catholicismus → Katholizismus; dass → daß; überdiess → überdies; Entwickelung → Entwicklung; Addresse → Adresse; Unrecht haben → unrecht haben; nichts besseres → nichts Besseres; sicher stellen → sicherstellen; kennen zu lernen → kennenzulernen; Antritts-Vortrag → Antrittsvortrag; u. ä). Abkürzungen wurden aufgelöst (Beispiele: u. → und; kom̄t → kommt; einmal: Evglium → Evangelium). Fehlerhaft geschriebene Eigennamen wurden stillschweigend korrigiert (Beispiel: Ehrhardt → Ehrhard); im Zweifelsfalle wurde die Korrektur vermerkt.

Der Text wurde wortgetreu wiedergegeben. Die wenigen Hervorhebungen im Text sind original. Gelegentliche Ergänzungen durch die Herausgeber wurden, soweit es sich nicht um einzelne, offenkundig nur vergessene Buchstaben handelt, in eckige Klammern [ ] gesetzt. Die einzige Abweichung von dieser Regel in Brief Nr. 1 wird in einer Anmerkung zur Stelle ausgewiesen. Orts- und Datumsangaben im Briefkopf wurden originalgetreu aufgenommen. Soweit Troeltsch auf Briefpapier mit vorgedrucktem Briefkopf schrieb, gibt eine Anmerkung darüber Aufschluß.

In den Briefen findet sich eine Reihe nachträglich eingefügter Bleistiftnotizen: Unterstreichungen, Korrekturen, über schwer lesbaren Wörtern steht eine deutlichere Umschrift, die zwei Briefe ohne Datumsangabe von Troeltsch enthalten eine Notiz über ihren Eingang bei von Hügel. Nach der Handschrift zu schließen, gehen diese Eintragungen größtenteils auf von Hügel selbst zurück. Sie blieben in der Textwiedergabe zumeist unberücksichtigt; einige bedeutsamere Notizen wurden in die Anmerkungen aufgenommen.
Einige Abschnitte aus diesen Briefen hat von Hügel in seinen Nachruf auf Ernst Troeltsch in The Times Literary Supplement vom 29. März 1923, S. 216, aufgenommen. Dieser Aufsatz wurde ins Deutsche übersetzt und erschien in: Die Christliche Welt 37 (1923) Sp. 311—315. Die zweimalige Übersetzung der Briefstellen führte teilweise zu erheblichen Entstellungen des ursprünglichen Textes. Einige der dort angegebenen Jahreszahlen sind falsch. Da es von Interesse ist, welche Passagen aus den Briefen F. von Hügel als besonders kennzeichnend für die Persönlichkeit Troeltschs ansah, wurden die in diesem Nachruf zitierten Stellen in den Anmerkungen nachgewiesen.
Die Verweise auf Bücher, Aufsätze und Personen sowie Ereignisse in den Briefen wurden, soweit es nötig schien, in Anmerkungen erläutert. Wo eine eindeutige Verifizierung nicht möglich war, wurde die Erläuterung als Vermutung gekennzeichnet. In den letzten Briefen mußte in einigen Fällen auf eine nähere Bestimmung genannter Personen verzichtet werden.

Briefe
Ernst Troeltschs an Friedrich von Hügel

Nr. 1

Heidelberg Schloßberg 7.[1]

Hochgeehrter Herr Baron!

Für Ihren Brief, der mich wahrhaft ergriffen und gerührt hat, danke ich Ihnen von ganzem Herzen. Es kommt einem, namentlich in meinem Berufe, nicht oft vor, daß man auf eine derartige Vereinigung von Wille und Fähigkeit zum Verständnis trifft. Sie haben in Ihrer Charakteristik die eigentlichen Ziele meines Strebens und die charakteristische Besonderheit meiner Arbeit völlig treffend hervorgehoben, und es ist mir eine außerordentliche Freude, in Ihnen einem Menschen zu begegnen, den sein Denken und Suchen ähnliche Wege geführt hat[2]. Je ungesuchter, je mehr von selbst erwachsen eine derartige Berührung ist, um so wertvoller ist sie natürlich. Es ist überhaupt merkwürdig, daß ich mit meinen Arbeiten ein Echo eigentlich immer nur außerhalb meiner Zunft gefunden habe, bei Laien, Historikern und Philosophen. Bei den Theologen ist es mir noch nicht recht geglückt. Es wird seinen Grund darin haben, daß meine ganze Denkweise selbst nicht aus der schulmäßigen Dogmatik, sondern aus der Berührung mit den verschiedensten Menschen und Klassen sowie aus der Arbeit in den sog. profanen Wissenschaften erwachsen ist, ohne daß ich übrigens dabei die fachmäßige Theologie ignoriert hätte. Ich komme nur immer weiter davon ab und verliere das

1 Notiz, wahrscheinlich von F. von Hügel: „. . . am 13. April 1901".

2 Vorstehender Text ab: „es ist mir . . ." in von Hügels Nachruf auf Ernst Troeltsch; vgl. Einleitung S. 49.

Interesse an ihr, während begreiflicherweise mit der Vertiefung und Konzentrierung des inneren Menschen die eigentlich religiöse Position sich fortwährend verstärkt. Für mein Gefühl kommt alles darauf an, die Unbefangenheit gegenüber Theologie und Apologetik zu finden, vermöge deren man Dinge erkennen und werten will, aber nicht zu ihrem Schutz erdachte Theorien weiter zu schützen braucht. So stimme ich Ihrem Urteil über die von Ihnen genannten Ritschlianer[3] durchaus zu, auch dem über Harnack, der übrigens in seiner Grundanschauung kaum zu diesen mehr gezählt werden kann. Er hat mir auf meine „Wissenschaftliche Lage" geschrieben, daß er, wenn er die Sache so von der systematischen Seite zu nehmen fähig und gewillt wäre, wohl sich genau ebenso ausgedrückt haben würde. In bezug auf Schleiermacher haben Sie wohl nicht so unrecht. Seine Gesamtleistung und Gesamtpersönlichkeit ist wahrhaft groß, wenn auch von den Schranken seiner Zeit befangen; aber seine Theologie hat sehr viel Gewaltsames, Abruptes, Künstliches und Geschraubtes. Das verkenne

[3] F. von Hügels Kritik an den Ritschlianern findet statt in der Auseinandersetzung mit Wilhelm Herrmann. Er kritisiert Herrmanns Fundierung der Religion in der Sittlichkeit, seine Ablehnung jeder Religionsphilosophie, seine Konzentrierung des Christentums allein auf den geschichtlichen Jesus und dessen inneres Leben (von Hügel spricht hier von „exzessivem Christozentrismus" und „Panchristismus"), die ihn zur Ablehnung einer allgemein menschlich religiösmystischen Erfahrung führt. Von Hügel zitiert in dieser Auseinandersetzung verschiedentlich die Kritik Troeltschs an Herrmann (vgl. F. von Hügel, The Mystical Element of Religion, Bd. II, S. 263-275). Gegen von Hügels Kritik an Herrmann wurde bei Wilhelm Herrmann eine Dissertation geschrieben: W. Fresenius, Mystik und geschichtliche Religion, Göttingen 1912.

ich nicht und möchte ich auch noch einmal im Detail nachweisen. Immerhin aber ist er der Anknüpfungspunkt für die moderne Religionswissenschaft mehr als ein anderer. Ich habe mich aber wohl in eine zu große Nähe zu ihm gestellt, was zum Teil auch taktische Gründe hat.

Die Hauptdifferenz[4], die Sie aussprechen, kann freilich nicht so einfach erledigt werden. Sie haben ja in diesem Falle die weitaus größere Sachkenntnis und können insofern besser urteilen. Ich habe nicht Sachen und Personen, sondern Prinzipien vor mir und den Blick auf deren historische Entwicklung. Da meine ich aber freilich, daß, bei aller Größe des Gedankens einer universalen kirchlichen Geistesheimat für alle Seelen, doch die von Anfang an, d. h. [von der][5] paulinischen Theologie und Kirche an ergriffenen Schutzmittel, die diese Gemeinschaft gegen Welt und Subjektivität sicherstellen sollen, die Konsequenzen eines dinglichen Supranaturalismus so schroff ausgewirkt haben, daß eine Reform nicht mehr möglich ist[6]. Auch die offiziellen protestantischen Kirchen haben hier nur gemäßigt. Ich habe mich darein ergeben, daß gegenwärtig die religiöse Gemeinschaft eine wesentlich persönliche ist, ihre Arbeit das stille Fortarbeiten der for-

4 Gemeint ist die unterschiedliche Beurteilung der Bedeutung kirchlicher Bindung. Für von Hügel ist institutionelle Kirchlichkeit unabdingbarer Bestandteil einer jeden christlichen Existenz.

5 Im Original: „seit der ..."; von Hügel korrigierte in: „von der". Die fehlerhafte Konstruktion dieses Satzes ist bezeichnend für die Eile, in der diese Briefe geschrieben wurden.

6 Vorstehender Text ab: „Ich habe nicht Sachen und Personen . . ." im Nachruf.

schend ausgesprochenen Wahrheit und der persönlichen Frömmigkeit ist. Was daraus werden soll, weiß Gott allein. Wir können eben nichts anderes suchen als Erkenntnis und persönlichen Kontakt all derer, die nicht glauben, daß aus Natur und Objekt die Inhalte und das Glück des Lebens stammen, sondern daß sie von innen kommen, und zwar auch hier nicht aus dem bloßen subjektiven Bewußtsein, sondern aus dessen Begründung in einer alles Endliche und Natürliche durchwaltenden und erhöhenden göttlichen Liebe, die uns mit der Natur zunächst entzweit, um uns ein höheres Selbst über ihr finden zu lassen, und dieses dann nach Kräften in sie hineinzuarbeiten. Die Kirche, ihre alten Gebete und Gesänge kann auch ich nicht entbehren, aber ihre Predigten und ihre Apologetik sind mir schrecklich. Es wird Ihnen im Grunde mit Ihrem Katholizismus auch nicht viel anders gehen: Ihnen bleibt ein Bund der ernsthaft religiösen Menschen, die unbefangen eigene Wege gehen wollten und die große Herzensheimat der alten Kirche für Gebet, Stimmung, Andacht bedürfen, die aber mit dem ganzen Garantie- und Schutzsystem, das diese Kirche aufbaut, zusammenstoßen. Ganz ähnlich aber geht es mir mit meinem Protestantismus. Es ist der Boden, aus dem viele Kräfte stammen und auf dem man sich einrichtet, dessen kunstreiches Schutzzollsystem man aber mit seinen zollfreien Gedanken und mit der außerkirchlichen Schriftstellerei nicht weiter zu beachten braucht.
Zum Schluß möchte ich auf Ihre drei Anfragen antworten. Die erste ist durch Zusendung der gewünschten Arbeiten, von denen ich glücklicherweise noch Exemplare besitze, leicht zu erledigen. Was Sie dabei von der Verbreitung meiner Arbeiten sagen, hat mich

tief gerührt[7]. Wenn irgend jemand davon Nutzen hat, so ist mir das eine wahrhafte Freude gegenüber der doch sehr dürftigen und unwirksamen Lehrtätigkeit, die ich hier ausübe, und in Anbetracht der doch ernstlichen, inneren menschlich persönlichen Arbeit, die in ihnen steckt. Ich will in Zukunft Ihnen gerne senden, was ich Neues arbeite.

In bezug auf den zweiten Punkt kann ich nur sagen, daß ich mich sehr freuen würde, Sie hier persönlich kennenzulernen. Ich bin eben im Begriff, mein Haus zu bestellen und mein eigenes Heim zu gründen[8]. Vom 1. Mai ab bin ich wieder hier und sehe mit größter Freude Ihrem Besuche entgegen. Gehört habe ich von Ihnen zum ersten Male durch Dr. Scheler, letzthin durch Dr. Goldstein[9]. Insofern habe ich wenigstens eine Vorstellung von Ihnen ungefährer Art. Ihre gütigen Zusendungen, bei deren erster übrigens ich den Absender nicht ahnte, erwidere ich mit bestem Dank[10]. Ich bin, im Drange amtlicher und persönlicher Angelegenheiten, zur Lektüre der letzten noch nicht gelangt. Doch wird es demnächst geschehen.

In bezug auf den dritten Punkt haben Sie jedenfalls sehr recht[11]. Ich hoffe, daß Ihr Wunsch leidlich erfüllt werden kann. Erstlich nämlich arbeite ich an einem

7 F. von Hügel war immer sehr darum bemüht, die Arbeiten seiner Freunde in seinem Bekanntenkreis zu verbreiten und eventuell auch für Übersetzungen zu sorgen.

8 Anspielung auf Troeltschs Hochzeit mit Marta Fick.

9 Über den Kontakt Schelers und Goldsteins mit von Hügel siehe Einleitung S. 38.

10 Vgl. Näheres Einleitung S. 37f.

11 F. von Hügel drängte Troeltsch immer wieder, ein größeres zusammenhängendes Werk, vor allem eine Religionsphilosophie, zu schreiben. Vgl. Brief Nr. 8 Anm. 4.

Grundriß der Religionsphilosophie als Bestandteil einer Enzyklopädie der Philosophie. In 2—3 Jahren wird er fertig sein. Sodann — und das ist die Hauptarbeit — arbeite ich an einer Geschichte der Theologie des neueren Protestantismus, wobei die allgemeineren ethischen und religionswissenschaftlichen Arbeiten eingerechnet sind. Das wird mein eigentliches „Buch". Alles Bisherige sind Bruchteile und Vorarbeiten hierfür. Wann ich mit dem ersten Band fertig werde, kann ich noch nicht sagen, ich hoffe in etwa 5 Jahren.
Da Sie mehrfach von Professor Eucken[12] sprechen, so möchte ich schließlich noch hervorheben, daß auch hier ein merkwürdiger Fall vorliegt. Ich habe die Grundzüge meiner Anschauungen ausgebildet, ehe ich eine Zeile von Eucken kannte, war aber dann überrascht, wie weitgehende Übereinstimmung hier aus übereinstimmender Auffassung der geistigen Lage hervorgegangen war. Es war mir damals ein Trost zu sehen, daß doch ein Zusammenwirken in dieser verworrenen Zeit möglich ist und daß darauf die Hoffnung besserer Zukunft begründet werden darf. Denn ohne Umkehr des besseren öffentlichen Geistes von der Meinung, daß alles von außen komme oder daß das Innere nur einfach gesetzmäßig sich auswirken solle ohne eine höhere, geistige Wirklichkeiten bejahende schöpferische Tat, gibt es keine Heilung der bei allem äußeren Glück doch schweren und ernsten geistigen Lage der Gegenwart. Freilich kostet gerade auch die Durchsetzung solcher Erkenntnis einen Kampf, aber das ist eben der Kampf, der uns von Gott verordnet

[12] Über den Kontakt von Hügels mit Rudolf Eucken siehe Einleitung 37ff.

ist und der nichts anderes ist als der uralte Kampf des Göttlichen gegen das Weltliche. In diesem Stück ist alles beim alten geblieben und wird es auch bleiben.

In vorzüglicher Hochachtung

Ihr ganz ergebener
Dr. E. Troeltsch

Nr. 2

Heidelberg 10. III. 03.

Verehrter und lieber Herr Baron!

Ich muß Sie vielmals um Verzeihung bitten, daß ich so lange brauchte, bis ich wieder ein Lebenszeichen von mir gebe. Ich bin ein vielgeplagter Mann und habe das ganze Semester mit Vorlesungen, Vorträgen, literarischen Arbeiten und häuslichen Abhaltungen so zu tun, daß ich nicht leicht zum Schreiben komme. Auch wollte ich das Buch von Loisy[1] gelesen haben, ehe ich Ihnen schrieb. Alles das aber erforderte Aufschub bis zu den Ferien, wo ich überhaupt immer erst wieder zum Atmen komme.

Haben Sie nun vor allem herzlichsten Dank für Ihren [Brief] vom 16. Mai vorigen Jahres. Sie haben mir damit eine sehr große Freude gemacht. Es ist mir noch niemand begegnet, der meine Gedanken so innerlich nachfühlt und ihren Sinn so von innen heraus versteht. Ich fühle mich da ganz beschämt. Denn ohne eine sehr intensive Beschäftigung mit meinen Arbeiten wäre das nicht möglich. Da frage ich mich dann aber natürlich, ob diese doch sehr aus Kampf und Mühsal geborenen Arbeiten, diese ihren zusammengerafften Ursprung deutlich verratenden Stückwerke, solcher Liebe und Sorgfalt wert sind[2]. Doch das ist schließlich Nebensache. Ihnen macht eben der starke Kontakt der unwillkürlich sich berührenden Denkmo-

[1] A. Loisy, L'Évangile et l'Église, Paris 1902, ^{5}1930.
[2] Vorstehender Text ab: „Da frage ich mich dann aber ..." im Nachruf.

tive Freude, und Sie studieren daran Ihr eigenes Wollen und Streben, das allerdings wunderbar ähnliche Bedürfnisse empfindet. Möchte es uns gegeben sein, in der großen Krisis etwas zu tun für dasjenige, was eigentlich doch allein das Leben lohnt und das so viele Leute nicht kennen und verstehen! Ich bin mehr Theologe für die Menschen im allgemeinen, für die Angeregten und Suchenden, als für eine spezielle kirchliche Gemeinschaft. So hat mich mein Lebensweg geführt, und so hoffe ich für diejenigen etwas zu leisten, die die offizielle Theologie (auch die liberale) nicht oder wenig berührt. Ich sende Ihnen anbei eine Abhandlung[3], die Ihnen zeigt, wie ich dem Problem einer begrifflichen Bewältigung der Geschichte, einer Geschichts- und Kulturphilosophie, rastlos nachgehe. Ich muß hier einen relativen Abschluß erreichen und will hier die Grundlagen für eine der Hauptfragen einer modernen Religionsphilosophie legen, von wo aus dann befriedigende Lösungen möglich werden. In diesem Sinne ist auch meine „Absolutheit etc."[4] gemeint. Es ist immer dasselbe Problem, was mich dabei treibt. Eine ganz andere Frage ist dann freilich die Religionspsychologie und Erkenntnistheorie. Ich habe früher darin gearbeitet, bin aber dann auf die geschichtsphilosophischen Probleme geraten. Jetzt werden mir diese zweiten Probleme wichtig, und ich möchte auch hier die Arbeit neu aufnehmen[5]. Vielleicht notieren Sie

[3] E. Troeltsch, Moderne Geschichtsphilosophie, in: Theologische Rundschau 6 (1903); später erweitert in: E. Troeltsch, II, S. 673-728.

[4] E. Troeltsch, Die Absolutheit des Christentums und die Religionsgeschichte, Tübingen 1902, ²1912.

[5] Vgl.: E. Troeltsch, Psychologie und Erkenntnistheorie in der Religionswissenschaft, Tübingen 1905, ²1922.

mir später, wenn Sie mir einmal wieder schreiben, ein paar Ihnen hier besonders werte Werke. Sie kennen sich ja in diesen Dingen aus. Aus beidem, aus Religionspsychologie und -erkenntnistheorie und Geschichtsphilosophie der Religion, will ich dann eine Religionsphilosophie zimmern, bei der die spekulative Metaphysik nur eine bescheidene Nebenrolle spielen wird. Wie lange ich dazu brauchen werde, weiß ich nicht. Ich weiß nur, daß das jetzt mein nächstes Ziel ist. Immerhin hoffe ich in einigen Jahren damit zum Ziel zu kommen.

Innerhalb meiner Kollegenschaft treffe ich im ganzen immer noch überwiegend auf Ablehnung. Zwar schreiben mitunter junge Leute, daß sie sich gefördert fühlen, aber die wissenschaftliche Literatur geht doch entfernt nicht so auf meine Gedanken ein, wie ich es gerne möchte. Ignorieren oder flüchtige Streifbemerkungen ist im ganzen alles. Aber ich muß eben auch erst einmal mit einem großen zusammenhängenden Buch herausrücken. Vorher kann ich nicht verlangen, daß die Leute aus kleinen Arbeiten sich das Ganze zurechtdenken. Die Flut der Vielschreiberei ist zu groß, und man traut einem kurzen Aufsatz nicht mehr recht zu, daß er wirklich eine Quintessenz ernsten Denkens ist. So habe ich über meine Grundprobleme der Ethik[6] immer noch nichts gehört, obwohl sie in Wahrheit ein ganzes System enthalten. Ihre Wirkung ist wenigstens

[6] E. Troeltsch, Grundprobleme der Ethik, in: Zeitschrift für Theologie und Kirche 12 (1902); später erweitert in: E. Troeltsch, II, S. 552-672. Dieser Aufsatz ist eine Auseinandersetzung mit: W. Herrmann, Ethik, Tübingen 1901, [6]1921. Wilhelm Herrmann (1846-1922) war seit 1879 Professor für systematische Theologie in Marburg, Schüler A. Ritschls, Lehrer von K. Barth und R. Bultmann.

bis jetzt null. Nur von Herrmann habe ich einen sehr freundlichen Brief erhalten. Ich hoffe, daß er sich ausführlich dagegen äußert.

Nun aber genug von mir. Ihnen danke ich ja noch besonders die Zusendung der Arbeit Loisys. Diese Arbeit hat mich im höchsten Grade interessiert. Es ist die geistreichste und förderlichste Kritik Harnacks, die mir in die Hände gekommen ist. Wo ich ihr nicht zustimme, lerne ich doch immer noch von ihr. Dabei bin ich erstaunt über die Fülle von Berührungspunkten zwischen Loisy und meiner Auffassung. Ich sehe daraus, daß meine Arbeit, vor allem meine Ethik, sich eben doch stark mit den liberal-katholischen Theologen berührt. Es ist einmal der religionsgeschichtliche Gesichtspunkt, wonach das Christentum Sammelpunkt für die spätantike Religion ist und sie nur von einem neuen oder tieferen Zentrum aus ergreift und geistig durchdringt. Ich war erstaunt, wie weit katholische Theologen dem entgegenkommen. Das ist ja auch gar nicht Loisy eigentümlich. Schon Kardinal Newman hat, wie mich ein Rezensent in der Revue critique[7] belehrt und wie ich aus Loisy[8] gleichfalls ersehe, ähnliche Wege eingeschlagen. Im Grunde aber ist ein freisinniger katholischer Theologe zu solcher Erkenntnis doch mehr befähigt als ein protestantischer, wie mir nun klar wird. Einerseits gibt ihm sein Heimatgefühl in der Kirche einen so festen Halt, daß er vor solchen

7 Revue critique d'histoire et de littérature 36 (1902) S. 221-224. In dieser anonymen Rezension werden Ähnlichkeiten zwischen Troeltsch und Newman konstatiert, „die um so auffallender sind, als Troeltsch höchstwahrscheinlich niemals Newman gelesen hat".

8 A. Loisy, Evangelium und Kirche, S. 187: Zitat aus Newman, An Essay on the Development of Christian Doctrine.

Forschungen und Auffassungen nicht zu erschrecken braucht. Andererseits ist der kirchliche Gedanke so universal und ist im Katholizismus die Aneignung fremder Elemente etwas so Allgemeines und Selbstverständliches, daß man sich leichter zu einer solchen Auffassung durcharbeiten kann. Die Protestanten hängen, wie ja auch Harnack zeigt, zu sehr an einer abstrakten Wahrheit, die im Ursprung bereits enthalten gewesen sein muß und die, wenn sie nicht übernatürlich mitgeteilt ist, wenigstens radikal neu sein muß, um Offenbarung sein zu können. In bezug auf die Ethik bin ich mir allerdings längst selbst klar darüber, daß die Vereinigung des ursprünglichen eschatologischen Antriebes und der antiken Kulturethik nicht bloß eine Eigentümlichkeit des Katholizismus ist, sondern daß damit der Katholizismus das in der Sache selbst liegende Problem erfaßt hat. Luthers Ethik ist ja nur eine Verlegung des gleichen Dualismus in das subjektive Leben hinein und seine Geltendmachung für alle, ohne das Ventil des Mönchtums und ohne die priesterlich-sakramentale Vermittlung. Erst die moderne protestantische Ethik hat die christliche Ethik als rein immanente Ethik der Nächstenliebe verstanden, eines der wunderlichsten und gewaltsamsten Mißverständnisse[9].

In all diesen Dingen ist mir Loisys Buch eine wirkliche Überraschung gewesen. Das ist ja viel feiner und geistvoller als Ehrhard[10], der von den deutschen der

[9] Vorstehender Text ab: „In bezug auf die Ethik ..." im Nachruf.

[10] Albert Ehrhard (1862-1940), katholischer Kirchen- und Kulturhistoriker, Patristiker, Byzantinist, wurde des Reformkatholizismus und Modernismus verdächtigt. Großes Auf-

Beste ist. Von solchen katholischen Theologen kann man wirklich lernen. Unbedingt recht hat er in den beiden ersten Kapiteln, übrigens in Übereinstimmung mit einem großen Teil deutscher Forscher. Die weiteren Partien über Dogma, Kirche, Kultus waren mir sehr anziehend und lehrreich, obwohl ich ähnliche Betrachtungen ja auch meinerseits gewohnt bin. Nur regt sich hier bei mir der Protestant. Daß der Katholizismus seine Wurzel im Urchristentum hat und daß er notwendig, d. h. kausal verständlich, aus der Entwicklung des Evangeliums selbst hervorgeht, habe ich nie bezweifelt. Diese Entwicklungslinie ist bei Paulus und Johannes leicht aufzuzeigen. Aber trotzdem halte ich, auch rein historisch gesprochen, die Sakramentalidee, d. h. die Einflößung erlösender und versittlichender Gnadenkräfte durch sinnliche Vehikel, den auf Erbsünde und Gnade aufgebauten exklusiven Supranaturalismus, die Herrschaft der Vergeltungsidee und das autoritäre Priestertum für eine dem Geiste des Evangeliums fremde Sache. All das sind nicht griechische Einwirkungen, sondern die Wirkungen der Grobheit und Ungeistigkeit der durchschnittlichen Menschenmasse, die das Evangelium sich und ihren Bedürfnissen angepaßt hat. Verzeihen Sie diese Bemerkung, sie ist nicht böse gemeint. Etwas Ähnliches empfindet ja auch Loisy, indem er alle diese Dinge wieder verinnerlicht und verflüssigt sehen möchte.
Ich werde das Buch wenn möglich irgendwo anzeigen,

sehen erregte sein Werk: Der Katholizismus und das 20. Jahrhundert im Lichte der kirchlichen Entwicklung der Neuzeit, Stuttgart-Wien 1901, [12]1902. Troeltsch schrieb zu diesem Werk eine ausführliche Rezension: Der Ehrhardsche Reformkatholizismus, in: Die Christliche Welt 16 (1902) Sp. 462-468.

weiß aber noch nicht wo. Vorerst sende ich Ihnen nur zwei Anzeigen über Catholica und Verwandtes aus den GGA[11].

Hoffentlich befinden Sie sich wohl und ist auch Ihre Frau Gemahlin leidlich. Bei mir ist es diesen Winter besser gegangen. Meine Frau ist noch schonungsbedürftig, aber viel wohler.

Das Buch von . . . [12], das ich damals nur dem Titel nach kannte, habe ich nun gelesen. Es ist in der Tat sehr schön und lehrreich.

Mit nochmals herzlichstem Dank für Ihre viele Güte

Ihr aufrichtig ergebener
E. Troeltsch

[11] Göttingische Gelehrte Anzeigen.
[12] Name unleserlich; vielleicht „Jevons".

Nr. 3

St. Louis 23. IX. 04.[1]

Verehrter Herr Baron!

Ihr Telegramm habe ich auf einigen Umwegen verspätet erhalten und beantworte es heute zunächst telegraphisch. Zugleich aber auch brieflich, indem ich die Unmöglichkeit begründe, die ich nur kurz telegraphisch andeuten konnte.

Ich muß nämlich sowieso meine Reise abkürzen und muß zu meinem größten Bedauern auf den Besuch in Harvard und Boston verzichten. So ist es mir denn auch leider ganz unmöglich, Ihrer freundlichen Einladung zu folgen. Ich habe nämlich hier die Nachricht von meiner Frau erhalten, daß ihre Mutter plötzlich an den Folgen einer Operation gestorben ist. Da bleibt mir gar nichts anderes übrig, als möglichst rasch zurückzukehren und die verlassene Frau zu trösten.

Unter diesen Umständen muß ich leider auf das große Vergnügen verzichten, Sie in London zu sehen. Es wäre mir eine besondere Freude gewesen, um so mehr, als ich noch nie in England gewesen bin. Aber es ist dieses Mal ganz unmöglich, und ich muß die Hoffnung, Sie in England zu sehen, auf ein anderes Mal verschieben.

Es scheint mir — beiläufig bemerkt —, daß Ihre Adresse eine andere ist als früher. Ich habe Hampstead in Erinnerung. Schreiben Sie mir bitte auf Postkarte nach

[1] Von einer Vortragsreise in die USA, an der u. a. auch Max Weber teilnahm. In St. Louis M. hielt Troeltsch seinen berühmten Vortrag über „Psychologie und Erkenntnistheorie", vgl. Brief Nr. 2, Anm. 5.

Heidelberg, ob die im Telegramm angegebene Adresse Ihre dauernde Adresse ist. Ich habe einige Sachen Ihnen zu schicken und würde Ihnen für die Adresse dankbar sein.

Mit vielen Grüßen auch an ihre Frau Gemahlin

Ihr herzlichst ergebener
E. Troeltsch

Nr. 4

Heidelberg 22. X. 05.

Hochverehrter Herr von Hügel!

Die Herbstferien erst ließen mich zu dem Studium der Schriften kommen, die ich Ihrer Güte verdanke und ohne deren Lektüre ich Ihnen nicht schreiben wollte. Haben Sie vielen herzlichsten Dank für Ihren ausführlichen Brief, der nun freilich nahezu ein Jahr alt ist. Nur mit großer Rührung und Dankbarkeit kann ich die Äußerungen Ihrer Güte annehmen. Sie verstehen wie wenige, was ich will und was die Seele meines wissenschaftlichen Strebens ist; ja bisweilen geben Sie durch Ihr sorgfältiges Eindringen mir Licht über mich selbst, und jedenfalls erweitern Sie meinen Horizont durch die Ihnen eigentümliche Auffassung. Vor allem aber bin ich tief ergriffen von der Wärme Ihrer persönlichen Teilnahme. Sie sind einer der wenigen Menschen, denen gegenüber ich die Bezeichnung als eines „Bruders in Christo" nicht als unangenehme Redensart empfinde. Sie sind ein Christ, durch den etwas vom Geiste Christi und von der wahren Katholizität des Christusglaubens, wie auch ich sie zu empfinden vermag, an Ihren Schüler, Verehrer und Freund kommt.

Hoffentlich ist die schwere väterliche Sorge, die in dem Jahre an Ihrem Herzen zehrte, inzwischen von Ihnen genommen und Ihre älteste Tochter inzwischen geheilt aus Davos zurückgekommen[1]. Meine häusli-

[1] F. von Hügels älteste Tochter Gertrud verbrachte einen Kuraufenthalt in Davos, um eine Lungenerkrankung auszuheilen.

chen Verhältnisse boten ja auch Anlaß zu Sorge und Schmerzen genug. Meine Frau war durch den Tod ihrer Mutter sehr in ihrer Gesundheit zurückgeworfen und ist eben jetzt, nach gut verbrachtem Sommer, wieder von einer ängstlichen Herzaffektion heimgesucht. Der größte Schmerz aber ist, daß unsere an sich sehr glückliche Ehe bis jetzt immer noch ohne Kinder geblieben ist und der Kummer darüber der Grund der immer neuen Nervenerkrankungen meiner Frau ist. Ich persönlich leide bei meiner starken wissenschaftlichen Arbeit nicht so sehr unter diesem Mangel, wenn es mir auch ein drückender Gedanke ist, so ohne Spuren durch das Leben zu gehen und nichts zurückzulassen. Aber meine Frau leidet sehr schwer darunter, und ich muß immer wieder alle Kraft aufbieten, um sie und mich dabei fest und mutig zu halten. Natürlich gehen diese Dinge auch am inneren Menschen nicht spurlos vorüber; ich spüre die Schule der Schmerzen und der Prüfungen sehr wohl an meinem ganzen Wesen und habe Gelegenheit genug, von dem Glauben nicht bloß zu reden, sondern auch zu leben[2].

Ihre freundliche Einladung nach London würde ich herzlich gerne möglichst bald befolgen, es ist mir bis jetzt nicht möglich gewesen und wird auch in der allernächsten Zeit nicht möglich sein. Als ein Ziel und einen Wunsch habe ich es immer vor mir, schon auch um die englische Welt einmal aus der Nähe zu sehen, für die ich große Bewunderung hege. Daß ich die gegenwärtige politische Entwicklung mit der steigenden Verfeindung Deutschlands und Englands mit Schmerz

[2] Vorstehender Text ab: „ich spüre die Schule der Schmerzen ..." im Nachruf.

und tiefer Sorge betrachte, brauche ich Ihnen nicht zu sagen. Es wäre ein schweres Unglück und für uns Deutsche geradezu die Existenzfrage. Gott verhüte einen solchen Kampf, an dem nur sehr fleischliche und weltliche Interessen Freude haben können[3]!

Jüngst habe ich hier P. Semeria[4] gesehen, der auf der Reise zu Ihnen begriffen war, und mich einige Stunden sehr gut mit ihm unterhalten. Freilich fragte er vor allem mich aus; ich kam nicht dazu, meinerseits mich von ihm unterrichten zu lassen über so mancherlei Punkte, die mir am „liberalen Katholizismus" schwer verständlich sind. Diese Fragen haben nun aber die Schriften beantwortet, die ich Ihnen direkt oder indirekt verdanke. Vor allem die Schrift „The church and the future"[5] hat mir hier sehr viel Licht gegeben. Das ist eine ganz vorzügliche Arbeit, die mir nach vielen Seiten hin Aufschluß gegeben hat. Ich verstehe nun die Art, wie mit dem Entwicklungsgedanken das Kircheninstitut und seine dauernde Geltung verbunden wird. Das konnte man ja allerdings auch aus Loisy ersehen. Noch wichtiger war mir der Aufschluß, wie von hier aus auch Dogma und priesterliche Jurisdiktion verstanden wird und wie der Unfehlbarkeitsbegriff von hier aus erträglich gemacht werden kann. Drei

[3] Vorstehender Text ab: „Als ein Ziel ..." im Nachruf.

[4] Giovanni Semeria CRSP (Barnabit) (1867-1931), Prediger, Kirchenhistoriker; gehörte zum Kreis der italienischen Modernisten, enger Freund von Hügels.

[5] The Church and the Future, Edinburgh 1903, wurde von G. Tyrrell unter dem Pseudonym Hilaire Bourdon geschrieben. Hügel bemühte sich um die Verbreitung dieser Schrift, ohne daß er das Pseudonym gelüftet hätte. Das Werk wurde nach Tyrrells Tod unter dessen Namen neu aufgelegt (London 1910).

Dinge charakterisieren nach meiner Empfindung diese Denkweise:
1. die große Hochschätzung des katholischen Gedankens der Seelenleitung durch übergeordnete Gemeinschaft und Autorität, wenn auch die Autorität rein innerlich als die des Gemeingeistes und der ethisch-religiösen Überlegenheit verstanden ist, 2. die entscheidende Hochschätzung des Kontinuitäts- und Solidaritätsgefühls, das an Christus die Lebensgemeinschaft der Gläubigen knüpft und in der Fortpflanzung dieser Lebenskräfte eine organisch geordnete Stelle einnehmen will, 3. ein ganz außerordentlicher religiöser Idealismus, der alles von der Seite der Idee, des geistigen Lebens, der sittlichen Kraft, der religiösen Erhöhung nimmt und in diese Substanz des christlichen Gemeingeistes alle die harten Besonderheiten regimentaler, dogmatischer und moralgesetzlicher Art auflöst als bloße ideewidrige Vereinseitigungen und Verselbständigungen dienender Mittel. Auch Ihren „Christ eternel"[6] glaube ich in diesem Sinne verstehen zu sollen; er ist der Gemeingeist der Kirche, der aus dem geschichtlichen Christus entspringt und das corpus mysticum hervorbringt. All das ist mir überaus lehrreich; ich habe den Katholizismus von dieser Seite nur sehr ungenau gekannt und kann mich nun in die mir

[6] F. von Hügel, Du Christ éternel et de nos christologies successives, in: La Quinzaine 1904, S. 285-312. Von Hügel verteidigt hier die historisch-kritische Exegese Loisys gegen Maurice Blondel; vgl. M. Blondel, Histoire et Dogme, 3 Aufsätze in: La Quinzaine 1904 (deutsch: Geschichte und Dogma, Mainz 1963). Die ausführliche Dokumentation über die Kontroverse zwischen Loisy, Blondel, Wehrlé und von Hügel ist vorgelegt in: R. Marlé (Hrsg.), Au cœur de la crise moderniste, Paris 1960.

bisher unverständliche Idee des „liberalen Katholizismus“ hineindenken. Auch wirft sie natürlich auf Wesen und Struktur des wirklichen historischen Katholizismus ein Licht, der einer solchen Idealisierung und Spiritualisierung natürlich fähig sein muß und gewiß in vielen seiner innigen Persönlichkeiten auch fähig gewesen ist, mehr als wir von der Literatur des offiziellen Katholizismus Abhängigen wissen. Es ist ganz offenbar ein ähnlicher Fall wie die Berufung des liberalen Protestantismus auf das „Wesen“ des Protestantismus.
So lehrreich nun freilich eine derartige Erkenntnis ist und so sympathisch die Berührung persönlicher religiöser Empfindungen ist, so ist natürlich die Zustimmung zu solchen Lehren etwas ganz anderes. Ich persönlich bin nun einmal Protestant und wurzele im religiösen Individualismus, der aus dem Protestantismus erwachsen ist, ohne übrigens die Bedeutung des Solidaritäts- und Kontinuitätsgedankens zu verkennen. Nur fordert für mich die Freiheit des dogmatischen Denkens gegenüber den Bestimmungen der Vergangenheit und das ethische Ziel der Selbständigkeit der gereiften Persönlichkeit eine solche Fassung jenes Solidaritätsgedankens, die institutionellen Bruch und institutionelle Neubildungen möglich macht und die den einzelnen von der Institution unabhängig macht. Anders ausgedrückt, ist es die Unterscheidung des Gemeingeistes und der Kontinuität von der Institution. Doch das sind nun einmal mit meiner Erziehung gegebene Voraussetzungen; ich finde keinen Grund, sie aufzugeben, aber ich möchte durch ihre Behauptung auch niemandem wehe tun, am allerwenigsten Ihnen, der Sie die Voraussetzung des Gemeinlebens und der Autorität in einer so tief innerlichen und geistig-leben-

digen Weise machen. Weil ich Ihnen nicht wehe tun wollte, deshalb habe ich Ihnen auch absichtlich meine Artikel über „Wesen des Christentums"[7] nicht geschickt. Sie hatten meines Erachtens für Sie keinen Wert. Ich habe soeben in der „Kultur der Gegenwart" den Protestantismus dargestellt[8], es wird diese Arbeit Ihren Beifall nur sehr bedingt finden können, aus eben den erwähnten Gründen. Doch will ich sie Ihnen seinerzeit schicken. Auch will ich Ihre Mahnungen, die Sie gelegentlich meiner Artikel über „Wesen des Christentums" aussprechen, nicht vergessen. Nur im Punkte des Dogmas und der Autorität kann ich Ihnen nun einmal nicht folgen. Ich finde auch in der Schrift „The church and the future" die betreffende Partie ganz unbefriedigend, wo autoritative Formulierung, symbolische Verbildlichung und ontologischer Wahrheitsgehalt ins Gleichgewicht gesetzt werden, und kann aus den gleichen Gründen [mit] der Schrift von Le Roy „Qu'est-ce qu'un dogme?"[9] mich gar nicht

[7] E. Troeltsch, II, S. 386-451. Im Gegensatz zu dieser Feststellung Troeltschs betrachtete von Hügel diese Arbeit als eines der wichtigsten Werke Troeltschs, das er besonders häufig zitiert.

[8] E. Troeltsch, Protestantisches Christentum und Kirche in der Neuzeit, in: P. Hinneberg (Hrsg.), Die Kultur der Gegenwart, Teil 1, Abtlg. IV, 1 (2. Hälfte), Leipzig-Berlin 1906, ²1909, erweiterter Nachdruck 1922.

[9] É. Le Roy, Qu'est-ce qu'un dogme?, in: La Quinzaine, 16. April 1905, abgedruckt in: ders., Dogme et Critique, Paris 1907. Die von Troeltsch im Original benutzte Schreibweise „Leroy" begegnet wiederholt.
Édouard Le Roy (1870-1954), Mathematiker und Philosoph, 1921 Nachfolger Bergsons als Professor für Philosophie am Collège de France. Im genannten Aufsatz vertritt er die Auffassung, daß das Dogma eine mit dem Vorstellungsmaterial einer bestimmten Erkenntnis formulierte Regel zur

einverstanden erklären. Wo die Voraussetzungen und Mittel des Symbolausdruckes sowie die ontologische Grundauffassung selbst so stark sich ändern, wie das in der modernen Welt gegenüber der Antike der Fall ist, da fallen auch die alten Symbolisierungen dahin und müssen durch neue ersetzt werden. Meiner Empfindung nach ist Ihr Katholizismus so wenig katholisch als mein Protestantismus protestantisch; wir haben beide die Christlichkeit der modernen Welt, Sie unter Einfluß katholischer, ich unter dem protestantischer Voraussetzungen. Daher können wir auch so weite Strecken zusammengehen und können uns über den unbeglichenen Rest in Hochschätzung und Liebe vertragen. Auch gehören wir beide zu den Minoritäten, die von den „Officials" schwer bedroht sind und die daher naturgemäß sich gerne einander nähern unter dem Druck gemeinsamen Schicksals. Es ist so meine Empfindung, und Sie nehmen mir hoffentlich diese offene Darlegung nicht übel. Ich denke ja dabei gar nicht daran, Sie von Ihren Positionen abbringen zu wollen, von denen ich sehr wohl fühle, daß sie „spezifische Wahrheitsmomente des Katholizismus" enthalten.

Damit für dieses Mal wieder genug. Ich wiederhole meinen Dank für Ihr Eingehen auf meine Arbeit und auch für Ihre Kritik. Der Druck meiner Kantarbeit[10]

praktischen Lebensführung sein wolle. Unwandelbar sei dabei allein die praktische Orientierung, nicht aber die theoretische Formulierung des Dogmas. Der Aufsatz führte in Frankreich sofort zu einer äußerst lebhaften Diskussion, an der sich u. a. auch Wehrlé, Bremond, Mignot und Laberthonnière beteiligten.

[10] E. Troeltsch, Das Historische in Kants Religionsphilosophie. Zugleich ein Beitrag zu den Untersuchungen über Kants

mußte in fliegender Eile erfolgen. Indem ich unser Streben und Zukunftshoffen Gott befehle, bin ich in aufrichtigster Verehrung

Ihr herzlich ergebener
E. Troeltsch

Philosophie der Geschichte, in: Kantstudien 9 (1904) S. 21-154 (auch separat erschienen).

Nr. 5

Heidelberg 14. Mai 1906.

Verehrter Herr Baron!

Sie haben mir mit Ihrem heutigen Brief eine große Überraschung und viel Kopfzerbrechen bereitet. Die Sache trifft sich nämlich äußerst ungünstig. Ich bin seit 15. März für ein Jahr mit der Verwaltung unserer Universität als Rektor betraut. Das läßt mich nun während des Semesters schlechterdings nicht abkommen; außerdem macht es mir auch so viel Arbeit und Unruhe, daß ich dann ununterbrochen in Anspruch genommen bin. Nun sind freilich an Pfingsten für 8 Tage Ferien, und es wäre an und für sich möglich, etwa für 6 Tage loszukommen. Allein es wäre für mich die ärgste Hetzjagd, von der ich kaum einen Genuß hätte und für die mich vorzubereiten mir schwerfiele. Ich fühle mich schon so von dem ewigen Hin und Her sehr angegriffen. Unter diesen Umständen werden Sie mir verzeihen, wenn ich mich zu einer Befolgung Ihrer Einladung nicht entschließen kann. Es wäre mir ja eine hohe Ehre, Ihnen vortragen zu dürfen, und zugleich ein großes Vergnügen, London unter Ihrer gütigen Leitung sehen zu dürfen. Das beides lockte mich sehr. Allein ich habe doch das Gefühl, daß ich mich dieser Unruhe lieber nicht aussetzen soll; ich muß meine Kräfte doch immerhin zusammenhalten und möchte London doch etwas anderes als einen flüchtigen Hetzbesuch abstatten. So danke ich Ihnen aufrichtig für Ihre Güte; wenn Sie zu einer für mich passenderen Zeit es einmal machen können, stehe ich

Ihnen gerne zur Verfügung, ebenso wie den Herren Ihres Komitees.[1]

Insbesondere danke ich auch Ihrer verehrten Frau Gemahlin für die große Güte ihrer Einladung zugleich im Namen meiner Frau. Es wird mir in der Tat schwer, davon keinen Gebrauch machen zu können.

Immer von neuem geben Sie mir Beweise Ihrer großen Güte und Ihrer lebendigen Anteilnahme an meiner Arbeit, ja auch an meinem persönlichen Dasein. Ich möchte auch diese Gelegenheit benützen, Ihnen meine tiefe und warme Empfindung dafür auszusprechen. Freilich wenn ich bedenke, wie mühsam tastend und suchend ich meine Gedanken zusammenarbeite und wie unendlich breit die Möglichkeiten des Irrtums sind, fürchte ich dabei immer im stillen, ob Sie nicht von meiner Arbeit und Leistung zu viel erwarten, ob ich Ihre und anderer Hoffnung zu erfüllen imstande sein werde. Allein Sie verbinden dieses Zutrauen und diese wissenschaftliche Achtung mit soviel persönlicher Wärme und altersreifer Güte, daß ich wenigstens diese Güte als ein wohltuendes Zeichen geistiger Gemeinschaft dankbar anzunehmen wage. Ihnen gegenüber kommt wirklich einmal die Weltbruderschaft der Christen, von der man so wenig merkt, zu ihrer praktischen Wirksamkeit.

Von meinen häuslichen Sorgen, an denen Sie so freundlich Anteil nahmen, kann ich nur sagen, daß

[1] Gemeint ist die London Society for the Study of Religion, gegründet 1904, zu deren Komitee von Hügel gehörte. Die London Society war eine Gelehrtengruppe, der Christen verschiedener Konfessionen, Juden und Freireligiöse angehörten. F. von Hügel spielte hier eine entscheidende Rolle; offensichtlich hatte er Troeltsch zu einem Vortrag eingeladen.

meine Frau sich jetzt besser befindet. Ein Aufenthalt im Sanatorium und eine Nachkur am Comer-See haben ihr sehr wohlgetan. Freilich der Winter war entsetzlich und hatte mich mit den schwersten Befürchtungen erfüllt. Aber jetzt geht es Gott sei Dank wieder besser, und wir genießen die Pracht des hiesigen Frühlings mit dankbarem und beruhigtem Herzen.

Von meiner letzten Arbeit „Protestantismus"[2] will ich Ihnen gerne einen Abzug schicken. Ich habe mir hier wieder, aus Anlaß einer Aufforderung, alte und lang gehegte Gedanken vom Herzen geschrieben, von denen ich allerdings annehme, daß sie für die Auffassung der Dinge nicht unerheblich sind. Was Sie über mein Unverständnis des Katholizismus sagen, überrascht mich nicht ganz. Ich halte mich für die praktische Wirklichkeitspolitik und für die historische Kontrastierung an den „offiziellen" Katholizismus, an „the officials", wie Tyrrell sagt. Würde es sich um eine Würdigung des Katholizismus an und für sich handeln, namentlich um Zukunftsfragen, so stellt sich die Sache anders [dar]. Denn der Katholizismus enthält sehr viel mehr und hat, auch nach meiner Überzeugung, Zukunftsmöglichkeiten, die niemand vorausberechnen kann[3]. Vielleicht daß das neue französische Gesetz überhaupt eine neue Ära für kirchliche Dinge eröffnet, in der auch der Katholizismus seine Reserven

[2] E. Troeltsch, Die Bedeutung des Protestantismus für die Entstehung der modernen Welt. Vortrag auf der IX. Versammlung deutscher Historiker in Stuttgart, April 1906, in: Historische Zeitschrift 97 (1906), 2. Aufl. als „Historische Bibliothek" Bd. 24, München 1911, [5]1928; englische Übersetzung: Protestantism and Progress, 1912.

[3] Vorstehender Text ab: „Was Sie über mein Unverständnis ..." im Nachruf.

hervorholt. Doch begnüge ich mich hier mit Abwarten und Lernen. Ich stecke eben meinerseits im religiösen Subjektivismus auch der Gemeinschaftsbildung und komme aus meiner Haut hier nicht heraus.
Unter nochmaligem Bedauern, daß meine Umstände mich augenblicklich verhindern, bin ich von Herzen

Ihr treu ergebener E. Troeltsch

Nr. 6

Heidelberg 28. IV. 07.

Verehrter Herr Baron!

Herzlichsten Dank für Ihren lieben, mich hoch erfreuenden Brief. Ich will nicht wiederholen, was ich in meinem letzten Brief gesagt habe. Mein Beruf und meine Art ihn aufzufassen legt mir von vornherein die Notwendigkeit auf, einer Minorität anzugehören und eine nur bescheidene Lehrtätigkeit auszuüben; literarisch reiche ich ja weiter, aber auch hier sind dem Einfluß durch die Gegensätze von rechts und links und durch die Schwierigkeit der Sache enge Grenzen gezogen. Darüber bin ich mir völlig klar und habe mich damit auch ein für allemal abgefunden. Um so wohltuender ist es mir, so warme Anteilnahme und Förderung bei ernsten Kreisen zu finden wie den Ihrigen. Es ist bei allen Verschiedenheiten doch ein Hauch der Geistesgemeinschaft und eine Berührung in dem, was nicht aus dem Menschen, sondern aus Gott stammt, und solche Gemeinschaft ist in der Unruhe des Lebens ein stiller und ruhiger Punkt, von dem Freude und Beruhigung ausgeht. So danke ich Ihnen von neuem für jedes Wort der freundlichen Anerkennung und der Hervorhebung dieser Gemeinschaft.
Nun aber zur Hauptsache, zu Ihrer gütigen Einladung nach London. Ich habe mir die Sache ernstlich überlegt. Es wäre für mich überhaupt nur möglich loszukommen in der Woche nach Pfingsten. Dazu müßte ich aber immer noch Urlaub beim Ministerium nehmen. Das ließe sich nun zwar an sich machen. Aber

andere Schwierigkeiten entspringen aus meinen Arbeitsdispositionen. Ich bin augenblicklich an einer Arbeit über die christlichen Kirchen und ihr Verhältnis zum sozialen Problem[1], die also weit abliegt von den religionsphilosophischen Thematen, und es ist mir ganz unmöglich, aus dieser heraus nun überzuspringen zu dem letzteren, das ich mir nach Beendigung dieser Arbeit neu anzufassen vorgenommen habe. Das würde meine Dispositionen zerreißen und mir jetzt unverhältnismäßig viel Mühe machen. Das Wichtigste aber ist, daß ich mit dieser Arbeit jetzt in der kurzen mir zur Verfügung stehenden Frist gar nicht zu Ende kommen kann und daß ich vor allem die dazu nötige weitere Vervollkommnung im Englischen nicht mehr erwerben kann. Ich müßte eine solche Sache von lange her vorbereiten und längeren Konversationsunterricht nehmen. Meine Aussprache ist noch zu schlecht und unsicher. Das alles aber ist mir im Moment unmöglich. Sosehr ich darauf gespannt bin, England einmal kennenzulernen, und so groß die Schicksalsgunst ist, daß ich mich dabei Ihrer Führung und Belehrung erfreuen dürfte, so kann ich doch im Moment mich nicht dazu entschließen. Es wird mir schwer, auf die Freude zu verzichten, und noch schwerer, Ihnen abzusagen. Allein es ist bei der Lage der Dinge doch das Vernünftigste und Gebotene. Ich kann meine verwickelte Arbeit nur bei sorgfältiger Ökonomie der Kräfte und Dispositionen durchführen und muß Sie mit etwas schwerem Herzen bitten, mich zu entschuldigen.

[1] E. Troeltsch, Die Soziallehren der christlichen Kirchen und Gruppen (= E. Troeltsch, I).

Das gewünschte Exemplar der „Trennung etc."[2] geht Ihnen gleichzeitig zu. Ich würde gerne daran schon wieder ändern, namentlich am Schlußabschnitt, der ja in Wahrheit eine Utopie vorträgt, freilich eine wohlbegründete Utopie, die zur Beleuchtung der Sachlage dient, die aber keinesfalls irgendeine Wahrscheinlichkeit der Verwirklichung für sich hat. Eine wirkliche Trennung würde auch eine Ablösung alles Religionsunterrichtes von der Schule zur Folge haben, und man müßte sich damit einrichten, so gut es geht.

Die Kritik in der Revue critique[3] ist mir noch nicht zu Gesicht gekommen. Daß sie unfreundlich ist, wundert mich nicht. Die Revue behandelt mich seit längerem mit ausgesuchtem Übelwollen, und meine Auffassung des französischen Gesetzes wird den meisten französischen Literaten nicht gefallen, obwohl ich überzeugt bin, daß dieses Gesetz bei seinem der Religion unfreundlichen Geiste die Lage nur immer weiter verwirren wird. Das ist ja auch in der Tat geschehen, und der momentane Zustand ist ein völliges Provisorium. Es ist eben nicht so einfach, religionspolitische Probleme zu lösen. Ich lege dem Büchlein einen neuen Aufsatz über „den Geist der modernen Welt"[4] bei, den ich später zu erweitern beabsichtige,

[2] E. Troeltsch, Die Trennung von Staat und Kirche, der staatliche Religionsunterricht und die theologischen Fakultäten, Tübingen 1907.

[3] Revue critique d'histoire et de littérature; vgl. Brief Nr. 2, Anm. 7.

[4] E. Troeltsch, Das Wesen des modernen Geistes, in: Preußische Jahrbücher 128 (1907), abgedruckt in: E. Troeltsch, IV, S. 297-338.

wenn ich meine sozialgeschichtlichen Studien abgeschlossen habe und sie dafür verwerten kann.

Für Ihre gütigen Mitteilungen aus Ihrem Familienleben danke ich Ihnen herzlichst, weil ich darin einen Beweis von hohem Vertrauen sehe. Ihrer Frau Gemahlin wünsche ich von Herzen möglichste und baldigste Besserung. Der Entschluß Ihres Fräulein Tochter wird Ihnen ja freilich beiden nicht bloß eine gewisse Sorge, sondern vor allem auch ein schweres Opfer auferlegen[5]. Ich meinerseits glaube, einen solchen Entschluß wohl einigermaßen verstehen und nachempfinden zu können. Es kann einen religiösen Menschen schon manchmal anwandeln, auch in wirklich religiöser Umgebung leben und von ihr getragen sein zu wollen, die ganze Lebensarbeit rein und ungestört dem eigentlich Religiösen zu widmen. Jedenfalls möchte ich Ihnen innig wünschen, daß dieser Entschluß Ihnen und Ihrer Tochter nicht noch spätere Schwierigkeiten und Bitterkeiten bereitet.

Ihrem Buche[6], auf das ich sehr gespannt bin, wünsche ich von vornherein das günstigste Schicksal, daß es wirken und treffen möge. In unserer verworrenen Lage werden religiöse Themata täglich erwünschter und moderner, und wird doch wirklich geschlossene und ernste Wirkung immer schwerer. Es ist zuviel Spiel und Koketterie, wenigstens bei uns in Deutschland, in den neuen religiösen Bewegungen. Vor ernsten Forderungen und dem eigentlichen vollen

5 Von Hügels jüngste Tochter Thekla (* 1886) war kurz vorher in den Karmeliterorden eingetreten.

6 F. von Hügel, The Mystical Element of Religion, London 1908, ²1923.

Gottesgedanken scheuen die Leute zurück[7]. Ehe nicht aus den Kreisen der Naturforscher heraus der Aberglaube abgeschworen ist, daß irgendein abstraktes, möglichst an die Naturwissenschaften angelehntes Gesetz der Kern der Dinge ist, kommen wir nicht weiter. Denn diese Leute sind es, die das Vertrauen genießen und denen man allein Objektivität zutraut, obwohl sie gerade bei ihnen so selten ist. Einstweilen tun wir eben unsere Arbeit, so gut es geht; die große Lücke in meiner Arbeit bleibt immer, daß ich Mathematik und Naturwissenschaften nicht beherrsche, was nun freilich auch unmöglich ist; denn die heutige Naturwissenschaft ist schon selbst zu einer Fülle von Spezialwissenschaften geworden, die kein einzelner mehr übersieht. Trotzdem aber bleibt es bei der „naturwissenschaftlichen Philosophie", die in der Regel darauf hinausläuft, durch nebelhafte Gesetzesbegriffe alles Spontane, Schöpferische, Neuzeugende in der Welt zu verhüllen und wegzureden! Ich weiß nicht, wie es in dieser Hinsicht im Ausland steht; bei uns steht es nicht gut, recht verknöchert und schulmeisterlich vorurteilsvoll. Die wenigen, die anders denken, wagen nicht zu reden. Aber es kommt auch hier sicherlich noch anders.

Ich will nun schließen. Bei mir geht es Gott sei Dank gut. Meine Frau ist seit einem Jahr im wesentlichen gesund, und ich bin außerordentlich glücklich darüber. Es ist ein neues Leben. Meine Frau empfiehlt sich Ihnen und Ihrer Frau Gemahlin bestens mit herzlichem Dank für den freundlichen Gedanken, auch ihr Ihre Gastfreundschaft zuwenden zu wollen.

[7] Vorstehender Text ab: „Es ist zuviel Spiel . . ." im Nachruf.

Haben Sie für alle Güte und alles Interesse vielen herzlichsten Dank. Ich bin in aufrichtigster Hochschätzung und Verehrung Ihr ergebenster

E. Troeltsch

Herzlichen Dank für das Rinnovamento[8], ich werde es lesen.

[8] Il Rinnovamento erschien in Mailand 1907-1909. Sie war eine der führenden modernistischen Zeitschriften, in der auch von Hügel schrieb. 1907 wurden alle Mitarbeiter und alle Leser des Rinnovamento von der römischen Inquisition von den Sakramenten ausgeschlossen — ein Erlaß, der wegen seiner Allgemeinheit praktisch wirkungslos blieb.

Nr. 7

H.[1] 4. IV. 08.

Verehrter Herr Baron!

Immer schon wollte ich Ihnen schreiben, allein ich war den Winter über ganz außerordentlich angestrengt. Kollegien, Vorträge und literarische Arbeiten haben mich so sehr in Anspruch genommen, daß ich nun etwas überanstrengt bin und der Erholung bedarf. Von meiner Arbeit schicke ich Ihnen gleichzeitig die ersten Stücke, sie werden sich noch lange fortsetzen und dann für einige Zeit der Abschied von der Historie sein. Gleichzeitig bin ich beschäftigt, meine kleinen Arbeiten zu sammeln und endlich in ihrem Zusammenhang vorzulegen. Die „Soziallehren der christlichen Kirchen" sollen den ersten Band der „Gesammelten Schriften" bilden. Doch habe ich an diesen Soziallehren den ganzen Sommer hindurch noch angestrengt zu tun.

Daraus ergibt sich nun vor allem die Folge, daß es auch in diesem Sommer für mich zu meinem größten Schmerz ganz unmöglich ist, nach London zu kommen. Ich stecke in ganz anderen Arbeiten und kann mich in die Religionsphilosophie jetzt unmöglich stürzen, ganz abgesehen davon, daß ich mich jetzt auch sprachlich nicht vorbereiten kann.

Seit unserem letzten Briefwechsel ist allerhand in der Welt passiert, was Sie sehr nahe angeht[2]. Ich danke

[1] Heidelberg.

[2] Gemeint ist die Verurteilung des „Modernismus" durch Rom.

Ihnen herzlichst für die gütigen Sendungen, mit denen Sie mich über die Sachlage unterrichten. Besonders interessant sind mir alle Äußerungen von Loisy und Tyrrell. Loisys Simples Réflexions[3] sind vortrefflich, würdig, klar und fest. Ich habe inzwischen überhaupt mich bemüht, von Loisy zu lernen, dessen dogmengeschichtliche Auffassung überhaupt sehr viel Wichtiges und Zutreffendes enthält.

Freilich, was nützt das Schreiben in dieser schwierigen Lage! Ich für meine Person beurteile sie sehr pessimistisch. Die Kundgebungen des Papstes und die kurialistische Hetze gegen die „Modernisten" hat meines Erachtens die Bewegung getötet. Ich bescheide mich freilich damit, in diesen schwierigen Dingen einer fremden Kirche Laie zu sein und vieles nicht zu verstehen.

Aber ohne eine große Revolution ist für mein Gefühl keine Umkehr von der kurialistischen Bahn her möglich. Paul Sabatier[4] schreibt mir zwar äußerst hoffnungsvoll, allein Sabatier hat bei allem achtungswerten Enthusiasmus doch überhaupt sehr verschwommene Vorstellungen von der Zukunft und vom

[3] A. Loisy, Simples réflexions sur le Décret du Saint-Office „Lamentabili sane exitu" et sur l'Encyclique „Pascendi dominici gregis", Ceffonds 1908; G. Tyrrell verfaßte zwei Aufsätze in der London Times vom 30. 9. und 1. 10. 1907. Diese Werke waren jeweils der unmittelbare Anlaß für die Exkommunikation.

[4] Paul Sabatier (1858-1928), Kirchenhistoriker und Publizist, wirkte im französischen Kulturkampf und ergriff im Modernismusstreit Partei für die Modernisten. Von Sabatier stammt die Bezeichnung von Hügels als „Laienbischof der Modernisten, zu dem alle Modernisten in Europa und Amerika mit Verehrung, Freude und heißer Liebe aufblicken".

Christentum überhaupt. Was werden soll, ist mir heute unklarer als je, und ich begnüge mich damit, wenigstens für die eigene Person und die Nächststehenden einen religiösen Boden unter den Füßen zu haben. Was die Welt aus diesen Dingen machen wird, das wird mir immer dunkler und auch gleichgültiger. Sehe jeder, wo er bleibe, und lasse er sich seinen religiösen Besitz nicht ausreden, und lasse er sich durch die politische Religion nicht irremachen. Mehr kann ich nicht sagen, und ich bin zufrieden, wenn ich zugleich einigen anderen mithelfen kann, zu sehen, wo sie bleiben. Im übrigen hat Gott das Weltregiment, und die großen ethischen und religiösen Wahrheiten der Menschheit können nicht untergehen.

Mit tiefster Sympathie gedenke ich all der hochherzigen Kämpfer in Ihrer Kirche. Es ist gut, daß die Gemeinschaft des Christusgeistes über die verschiedenen Kirchen hinüberreicht. Schließlich ist meine Lage in meiner Kirche auch nicht sehr viel besser, und mein Herz ist oft sehr gedrückt[5].

Hoffentlich befinden Sie und die Ihrigen sich bei guter Gesundheit, wie das — Gott sei Dank — auch bei mir und meiner Frau der Fall ist.

In alter treuer Ergebenheit und
herzlichster Hochschätzung
Ihr Ernst Troeltsch

[5] Aus vorstehenden Abschnitten ab: „ohne eine große Revolution ..." zitierte von Hügel in einem Brief an G. Tyrrell vom 16. 4. 1908, abgedruckt in: F. von Hügel, Selected Letters 1896-1924, London 1927 S. 151.

Nr. 8

Heidelberg 25. II. 12.[1]

Hochverehrter Herr Baron!

Haben Sie vielen Dank für Ihren lieben Brief. Vor allem müssen Sie mir erlauben, daß ich das Mißverständnis beseitige, das wohl durch meine Schuld untergelaufen ist. Ich habe nicht den entferntesten Anlaß, irgendwie gegen Sie zurückhaltend zu sein, und für mein Gefühl steht nicht das mindeste zwischen mir und Ihnen. Meines Wissens habe ich Ihnen über Ihr Buch[2] einen Brief geschrieben; wann? kann ich nicht sagen. Ich habe Ihnen darin gedankt und einiges dazu bemerkt. Möglich, daß dieser Brief nicht in Ihre Hand

[1] Notiz von Hügels: „Break fr. April 1907 to Febr. 1912?"; Nach der Archivnummer zu schließen, hatte von Hügel offensichtlich den Brief Nr. 7 vor Brief Nr. 6 eingeordnet.

[2] F. von Hügel hatte Troeltsch sein 1908 erschienenes Werk The Mystical Element of Religion zugesandt und daraufhin offensichtlich von Troeltsch keine Antwort erhalten. Er war sich unsicher, ob Troeltsch nicht aus irgendeinem Grund über ihn verärgert sei, und fragte in dieser Richtung bei R. Eucken an. Eucken antwortete ihm in einem Brief vom 23. 1. 1910: „An Tröltsch' Gesinnung und Freundschaft brauchen Sie in keiner Weise zu zweifeln, auch mit mir besteht kaum eine regelmäßige Korrespondenz, er hat in dieser äußeren Art etwas Rücksichtsloses oder doch Formloses, ohne daß das irgend in sein Inneres greift. Auch ich habe ihm wohl größere Werke geschickt, ohne dafür ein Wort des Dankes zu erhalten. Aber ich weiß mich dabei seiner Gesinnung völlig sicher; in seinen literarischen Äußerungen bekundet er mir stets liebenswürdigste Schätzung, kurz, wir fühlen uns durchaus als Freunde, obschon wir direkt sehr selten voneinander hören. So wird es auch mit Ihnen der Fall sein. Dazu kommt, daß er in den letzten Jahren besonders viel zu tun hatte und heute noch zu tun hat."

gekommen ist. Was müssen Sie von mir gedacht haben, wenn Sie annehmen mußten, daß ich Ihnen nicht für Ihr großes Werk gedankt hätte! Einigermaßen peinlich war mir nur, daß ich Ihren sehr berechtigten Wunsch nach einer Anzeige nicht erfüllt habe. Ich hatte das Gefühl, es Ihnen schuldig zu sein, aber ich kam zu spät dazu. Als ich zur Lektüre kam, da hatte Holtzmann es schon bei Schürer[3] angezeigt. Einen anderen Ort wußte ich nicht, und früher war es mir unmöglich, zu der Sache zu kommen. Mich drückte dann freilich ein bißchen die unterlassene Anzeige, aber als meine Schuld, nicht als Ihre. Ich bin nun sehr froh zu sehen, daß Sie mir es nicht nachtragen. Und ich glaube wohl, gute Gründe zur Entschuldigung anführen zu dürfen. Sie sehen ja selbst aus dem großen Werke, mit wie mühsamen und langwierigen Dingen ich beschäftigt war. Dazu kam, daß ich, zur Abhaltung philosophischer Vorlesungen hier berufen, zwei völlig neue große Vorlesungen ausarbeiten mußte, eine Geschichte der neueren Philosophie von Nicolaus Cusanus bis Kant und eine Einleitung in die Philosophie. Dazu nehmen Sie noch hinzu, daß ich in unserem kleinen Staate Mitglied der I. Kammer, des hiesigen Oberhauses, durch Wahl geworden bin und dadurch während der Legislaturperiode stark in Anspruch genommen bin. Ich bin etwas über das Maß in Anspruch genommen und führe ein etwas gehetztes Leben. Darunter leiden meine brieflichen Pflichten und persönlichen Ver-

[3] Rezension von H. J. Holtzmann in: Theologische Literaturzeitung (begründet von A. v. Harnack und E. Schürer) 34 (1909), Sp. 390-392.

hältnisse. Das alles wird Sie, glaube ich, vollkommen beruhigen, und ich hoffe, Sie werden mich entschuldigen.
Freilich das Leben währt nicht ewig, und man sollte jede Freude, die man einem so gütigen und verehrungswürdigen Manne wie Ihnen machen kann, nicht verschieben. Ich war nur etwas zu bescheiden, um anzunehmen, daß Sie so großen persönlichen Wert auf ein Lebenszeichen von mir legen.
Damit, glaube ich, darf ich diese Angelegenheit als erledigt ansehen. Jeder unangenehme Moment, den Sie dadurch gehabt haben, tut mir innig leid. Ich möchte ja bei diesen für Sie so schweren Zeiten alles tun, um Ihnen eine freudige Empfindung geben zu können.
Für Ihren gütigen Brief haben Sie herzlichen Dank. Es ist ja beinahe beschämend für mich, wie freundlich Sie von meinen Arbeiten sprechen. Jedenfalls ist damit eine Ihrer Mahnungen erfüllt, daß ich endlich große Bücher schreiben müsse[4]. Groß und dick genug ist das

[4] Von Hügel hatte Troeltsch gedrängt, seine Religionsphilosophie zu schreiben. Er wollte eine eventuell Troeltsch zu verleihende Ehrendoktorwürde der Universität Oxford als Druckmittel einsetzen, um Troeltsch zur Abfassung eines großen Werkes zu veranlassen. So schrieb er am 9. 3. 1908 an Professor Clement C. J. Webb in Oxford: „Ich hoffe, eines Tages Troeltsch als Ehrendoktor von Oxford zu sehen. Er verdient diese Ehre bereits in hohem Maße. Allerdings bin ich zu der Auffassung gelangt, daß es schade wäre, wenn sie ihm *vor* der Veröffentlichung eines seiner zwei langgeplanten *Bücher* zuteil würde. Er gibt nun schon seit 12 oder mehr Jahren sein Bestes aus dem erstaunlichen Reichtum und der Tiefe seiner Gedanken in Artikeln und Studien, die in etwa 10 oder mehr Zeitschriften und Sammelbänden verschiedenster Art verstreut sind. Und ich möchte einen zusätzlichen Hebel erhalten bei meinen Versuchen, ihn zur Veröffentlichung seines *Buches* zu bewegen. Die Aussicht auf einen

letzte. Auch glaube ich damit wirklich etwas Erhebliches zum Fortschritt im Verständnis religiöser Geschichte und kirchlicher Dinge gezeigt und vollzogen zu haben. Freilich aufs Ganze gesehen ist auch das ein Vorbereitungswerk und nicht mein eigentliches Werk. Dieses muß eine Religionsphilosophie und eine Ethik sein, worauf eine Glaubenslehre und eine christliche Ethik folgen sollen. Das ist mein Plan. Dafür arbeite ich jetzt meine philosophischen Themata durch. In ca. 5 Jahren ist, hoffe ich, die Religionsphilosophie fertig.

Ich kann nur langsam vorwärtsgehen und habe das glückliche Geschick, warten zu können. Freilich die allgemeine religiöse Situation wird in alledem immer zugespitzter und schwieriger, und es ist vieles nicht mehr möglich, was mir in meiner Jugend möglich schien. Nun, wir fallen mit alledem natürlich nicht aus Gottes Hand, sondern bleiben in ihr. Aber unsere religiösen Institutionen werden in allen Kirchen vor immer schwierigere Lagen gestellt. Sie vermögen sich mit dem modernen Geiste immer schwerer zu vertragen, und dieser vermag sich immer schwerer ein Verhältnis zu ihnen zu geben. Man kann dem verhältnismäßig ruhig zusehen, wenn man mit der äußeren Existenz geborgen ist und seinen inneren Menschen festgemacht hat. Was immer geschehen mag, Kampf und Streit ist das Leben immer gewesen; es ist heute darin nicht anders als je, und es wird dabei

solchen Ehrengrad würde mir einen solchen Hebel in die Hand geben. Ich werde ihm mitteilen, daß gute Aussichten auf solch einen Ehrengrad bestehen, wenn er uns nur eines seiner zwei Bücher herausbringen würde" (F. von Hügel, Selected Letters, S. 145).

nicht viel mehr herauskommen als früher auch: das Leben bleibt ein Kompromiß von tausend sich kreuzenden Tendenzen, aber die Seele kann ihre Heimat in einer festen und ewigen Welt haben und diesen Kampf mitkämpfen, ohne den inneren Frieden zu verlieren[5]. Es gibt eine Mystik, die dem Unfrieden entrückt ist und die doch aktiv zu Kampf und Arbeit und zur Gemeinschaft leitet, ohne sich in dem voll zu verausgaben. Sie behält das Beste übrig für sich und die unsichtbare Kirche. Diese letztere ist es wohl auch, in der wir uns finden, und ich bitte Sie herzlich, diese Gemeinschaft immer festzuhalten. Sie ist für mich eine große Ehre und eine tiefe Freude.

Ihr Buch hat ja inzwischen eine zweite Auflage erfahren[6]. Ich gratuliere herzlichst. Daß ich aus ihm gelernt habe, das werden Sie ja aus meinen Soziallehren sehen[7]. Es ist ein wirklich innerlich feines und tiefdringendes, zugleich außerordentlich reiche Tatsachen beleuchtendes Buch.

In tiefster Verehrung der Ihrige
Ernst Troeltsch

[5] Vorstehender Text ab: „Was immer geschehen mag ..." im Nachruf.

[6] Genauer: Zweitdruck der 1. Auflage von The Mystical Element of Religion. Die 2. Auflage erschien 1923. Das Vorwort zur 2. Auflage schrieb von Hügel „unter dem unmittelbaren Eindruck des verhältnismäßig frühen Todes von Professor Ernst Troeltsch, dem dieses Buch in den grundlegendsten Fragen der Religionsphilosophie sehr viel verdankt" (S. VII).

[7] Vgl. insbes. E. Troeltsch, I, S. 860.

Nr. 9

Heidelberg 7. I. 13.

Verehrter Herr Baron!

Haben Sie vielen Dank für Ihren Brief, der mich ganz außerordentlich gefreut hat. Aber ich muß Ihnen nun in einiger Kürze antworten, da ich augenblicklich mit meinen Arbeiten wieder sehr im Gedränge bin.

Für Ihr „Eternal life"[1] danke ich Ihnen herzlichst. Ich kann es jetzt im Moment nicht lesen, da ich mit ganz anderen Themata dringend beschäftigt bin, freue mich aber darauf, es zu studieren.

Heute möchte ich nur Ihre Anfragen in Eile beantworten. Mir kann gewiß nichts Besseres begegnen, als wenn Sie über mich solche Artikel schreiben wollen, wie Sie mir das ankündigen[2]. Gewiß bedürfen Sie dazu nicht mehr als die von Ihnen angegebenen Schriften. Meine Arbeit über Melanchthon, d. h. meine einstige Dissertation[3], ist, als Beweisstück für gewisse Auffassungen der alten orthodoxen protestantischen Theologie, sehr wesentlich für meine Behauptungen, aber sie enthält nichts, was für Ihre Zwecke von besonderer Bedeutung wäre.

Der zweite Band meiner Gesammelten Schriften[4] wird eine Reihe älterer Aufsätze aus allerhand Zeitschriften bringen, die sich auf religionsphilosophische, ethische und theologische Themata beziehen. Insbesondere ist

[1] F. von Hügel, Eternal Life. A Study of its Implications and Applications, Edinburgh 1912, ²1913.

[2] Von Hügel plante zwei Aufsätze über Ernst Troeltsch. Vgl. Einleitung S. 42-46.

[3] E. Troeltsch, Vernunft und Offenbarung bei Johann Gerhard und Melanchthon, Göttingen 1891.

[4] E. Troeltsch, Zur religiösen Lage, Religionsphilosophie und Ethik, Tübingen 1913, ²1922.

hier die religiöse Lage charakterisiert. Natürlich würde der Band manches enthalten, was Sie interessiert für Ihren Zweck. Ich will ihn sobald möglich Ihnen zuschicken lassen. Vielleicht kann ich Ihnen meine Aushängebogen schicken, wenn ich erst genug habe; doch ist das schwierig, weil ich sie gerne selbst zur Hand habe. Ich denke, der Band wird bis zum Mai fertig gedruckt sein.

Der dritte Band wird historische Dinge bringen, auch ältere Aufsätze, aber, wie auch der zweite, in neuer Überarbeitung. Er kommt erst in ein oder zwei Jahren.

Eine Photographie meines äußeren Menschen habe ich leider augenblicklich nicht zur Verfügung. Es muß wieder einmal eine gemacht werden.

Für all Ihre Güte und Ihr Vertrauen kann ich nur immer wieder von neuem danken. Ich fürchte, Sie schätzen mich etwas zu hoch ein. Ich bin ein Suchender und kein voll Besitzender. Aber dieses Suchen hat doch nun aber den Sinn des alten Wortes: Deum non quaereremus, nisi haberemus ipsum. Und daß wir in der christlichen Lebenswelt ihn am großartigsten und lebendigsten haben, ist mir gleichfalls außer Zweifel. Aber im übrigen taste und suche ich. Ich lasse mir nur von dem modernen Naturalismus und von der reinen Diesseitigkeit nicht imponieren und mich auch dadurch nicht einschüchtern. Darauf wird wohl auch die Überzeugung von unserer Gesinnungsgemeinschaft sich begründen können. Im übrigen sehe ich natürlich zu Ihnen als dem viel reiferen Charakter mit Ehrfurcht empor.

Mit herzlichsten Grüßen Ihr ganz ergebener
E. Troeltsch

Nr. 10[1]

Die glückliche Geburt eines Sohnes[2] beehren sich anzuzeigen

Professor Troeltsch
und Frau Marta geb. Fick.

Heidelberg, Ziegelhäuserlandstr. 17, 30. Juli 1913.

[1] Gedruckte Geburtsanzeige.

[2] Notiz von Hügels: „Ernst Eberhard". Den Namen entnahm von Hügel dem Brief Nr. 23 vom 29. 12. 1922.

Nr. 11

Heidelberg 4. IX. 13.

Hochverehrter, teurer Herr Baron!

Noch habe ich Ihnen für Ihren überaus gütigen, mich hoch erfreuenden Brief zu danken. Ich mußte eine Woche nach der Geburt meines Jungen nach Riga, um dort versprochene zehn Vorlesungen zu halten. Nun bin ich etwa zehn Tage zurück und will nächsten Montag endlich auf eine Erholungsreise nach Mittelitalien gehen. So kam ich nicht früher zur Beantwortung Ihres Briefes. Es soll aber vor der Abreise mir eine liebe Pflicht sein, noch Ihnen zu danken.
Es geht der Mutter und dem Kinde recht gut. Die Mutter hat zwar eine Venenentzündung schließlich noch bekommen und muß nun liegen bleiben. Aber die Sache ist doch nicht sorglich. Dem Buben geht es ausgezeichnet. Er ist ein sehr kräftiges Kind und macht keine besondere Plage. Ich bin natürlich überaus glücklich. Ich kann nicht sagen, daß es ein jubelndes und leidenschaftliches Glück ist. Dazu ist zuviel Schweres vorangegangen. Aber es ist endlich ein Friede und eine innere Ruhe, eine Entspannung und sichere Zukunftshoffnung. Ich spüre das höchst wohltätig an meinen Nerven und an dem ganzen körperlichen Zustande, von dem die unaufhörliche Spannung des letzten Jahrzehntes nun endlich gewichen ist. Es ist doch nicht bloß das Kind, das mir in diesem Glücke geschenkt ist, sondern auch die Frau, die nun ruhig und normal ihren Pflichten nachgehen kann und nicht um unerfüllte Hoffnungen trauert. Insoferne ist es gar nicht auszusagen, wie groß dieses

Glück ist und wie tiefen Dank ich dafür unserem Herrgott schulde. Man muß ja alles aus seiner Hand nehmen, auch das Schwerste, und kann gar nichts fordern, auch nicht das lebenswesentlichste Glück. Aber wenn dann das Geschenk der Gnade einkehrt, dann ist es doch leichter, sich in seine Hand zu geben[1].

Freilich, wo bei dem einen Glück einkehrt, da kommt zu dem anderen Trauer. Sie und Ihre Frau Gemahlin haben ein schweres Jahr gehabt, und ich nehme warmen Anteil an Ihrem Schmerz[2]. Vor allem betrübt mich die Nachricht von Ihrem körperlichen Leiden. Hoffen wir, daß es ein vorübergehender Nervenschock war. Er hinterläßt zwar immer eine gewisse Empfindlichkeit, aber er kann doch zum Glück ganz vorübergehen und verlangt dann nur Schonung und Vorsicht.

Endlich kann ich Ihnen die erwünschten Familiennotizen geben. Sie sind einfach genug. Meine Familie ist, infolge des 30jährigen Krieges, aus der Lausitz nach Schwaben eingewandert und hatte lange Zeit in Nördlingen ihren Sitz. Dann ist sie, seit etwa zweihundert Jahren, in Augsburg eine Großkaufmannsfamilie, die im 18. Jahrhundert eine ziemliche Rolle spielte, in den Napoleonischen Kriegen ihren Reichtum verlor, aber dann wieder sich hob, heute aber infolge vielfacher Teilungen und geschäftlicher Mißgeschicke keine besondere finanzielle Bedeutung mehr hat. Die jüngeren Söhne pflegten zu studieren, meistens Jura.

1 Vorstehender Text ab: „Insoferne ist es gar nicht ..." im Nachruf.

2 Am 4. 2. 1913 starb von Hügels Mutter. Von Hügel kam in vielen seiner Briefe auf eigene Krankheiten und auf Krankheiten und Leiden in seiner Familie zu sprechen.

Ein Theologe ist nicht in der Familie. Dagegen waren verschiedentlich Töchter an Pfarrer verheiratet. Mein Vater ist Mediziner, und meine Mutter aus Nürnberg die Tochter eines Mediziners. Im übrigen war unser Haus immer ein christliches Haus, ohne jede dogmatische oder pietistische Färbung, aber mit streng festgehaltener christlicher Sitte. Die Familie ist durch eine große Familienstiftung zusammengehalten, die für Fälle der Not alle Mitglieder sichern soll und die natürlich überdies einen engeren Zusammenhalt der Familie mit sich bringt. Im übrigen ist sie heute längst nicht mehr in Augsburg lokalisiert, wie in alten Reichsstadtzeiten, sondern über ganz Deutschland zerstreut. Aus ganz anderem Milieu stammt meine Frau. Sie ist die Tochter eines Offiziers und Gutsbesitzers in Mecklenburg und entstammt völlig der konservativen Welt. Ihre Familie hat einen früheren schwedischen Adel abgelegt oder verloren, ich weiß das nicht so genau. Jedenfalls aber habe ich dadurch Fühlung mit den entgegengesetzten Gesellschaftskreisen. Nun lege ich Ihnen noch meine Photographie bei. Dann werden Ihre Wünsche erfüllt sein.

In tiefer und inniger Ergebenheit
Ihr getreuer
Ernst Troeltsch

Nr. 12

31. I. 20.[1]

Hochverehrter, lieber Herr Baron!

Ihr Brief hat mir eine große herzliche Freude bereitet, und ich danke Ihnen aufrichtig dafür. Ich habe nie gezweifelt, daß der Krieg unsere Beziehungen nicht zerrissen hat. Immerhin ist es das Vorrecht des Angehörigen der siegreichen Völker, seinerseits die Initiative zu ergreifen. Für den anderen gibt es ja Gründe des Zögerns und der Zurückhaltung mehr als genug. Sie konnten es um so eher, als Sie mich ja gut genug kannten, um bei mir auf Fortdauer nicht nur der persönlichen Liebe, sondern auch einer besonnen[en] und umsichtigen Urteilsweise in den allgemeinen Dingen zu rechnen.

Um nun zunächst nur ein paar Dinge über diesen Punkt zu sagen, so habe ich, seit ich Klarheit über die Sachlage gewann, in Deutschland stets zur Besinnung und zur so notwendigen Friedenswilligkeit gemahnt. Ich habe darüber hier manche alte Freundschaft verloren. Mit Eucken habe ich keinen Verkehr mehr. Gierke[2] ist feindselig gegen mich. Ich habe bei den Arbeitsgenossen vielfach sogar recht schweren Stand. Allein Derartiges muß man tragen können, wenn man seiner selber sicher ist. Es sind eben tragische und

[1] Gedruckter Briefkopf: „Prof. Dr. Troeltsch / Berlin-Charlottenburg / Reichskanzlerplatz 4I / Tel. Wilhelm 2054". — Notiz von Hügels: „Received: morning Febr. 11,1920! F. v. H. 1st letter since war".

[2] Otto von Gierke (1841-1921), führender deutscher Rechtsgelehrter, seit 1887 Professor in Berlin.

schreckliche Zeiten, wo man seinem Pflichtgefühl und seiner Einsicht folgen und die Leute machen lassen muß, was sie wollen. Daß ich meinen Vaterlandssinn nicht verleugnet habe, das weiß ich selbst am besten, da macht mich keine Feindseligkeit von irgendwelcher Seite irre. Daß ich die moderne geistige Entwicklung, überall und auch bei uns, mit großer Sorge verfolgte und offen besprach, das wissen Sie ja, und das war auch schon vor dem Kriege so. Jetzt hat die Revolution grauenvolle Zustände geschaffen: Die Menschen sind wahnsinnig und zerstören den Rest. In Wahrheit herrscht Hungersnot jetzt erst recht und wird die Lage bald eine ganz verzweifelte werden. Man lebt vom alten ersparten Gut in Kleidern, Schuhen etc. Die Zukunft ist unausdenkbar. Vielleicht kommen Zeiten, wo man alles verkaufen muß, was man von etwas besseren Sachen hat! Nun, das Elend muß ertragen werden, und die Seele muß siegen können. Aber für die Seele bestehen erst recht die furchtbarsten Gefahren, allgemeinster reiner Egoismus, giftige Verzankung aller gegen alle, Versuche, alle Bildung auf das niederste Niveau herabzuschrauben, unerschwingliche Preise der Bücher und Unbezahlbarkeit der ausländischen Literatur. Für den geistigen Menschen kommen schwere Tage. Vorerst verteidigen wir uns mit allen Mitteln gegen die Proletarisierung, leider sind darüber Studenten und Kollegen erst recht nationalistisch und reaktionär geworden, wodurch die Verteidigung nicht erleichtert ist. Gesundheitlich bin ich und die Meinigen leidlich durch den Krieg gekommen. Die Hungerjahre haben natürlich die Nerven und die Frische sehr geschädigt. Aber meine Frau ist tapfer und, obwohl von altem Aristokratenblut, findet sie sich mit der Zeit ganz vernünftig zurecht. Natürlich hat sie körperlich sehr gelitten. Alles floß dem Kinde zu, das sich denn auch gut gehalten hat und gut gediehen ist. Es ist unser Sonnenschein und unser Glück, hängt unendlich zärtlich an uns und lebt mit uns wie mit Geschwistern. Eine große Sorge sind natürlich die proletarischen Schulverhältnisse. Wird man ihn auf unserer gesellschaftlichen Höhe erziehen können?

Nun genug davon. Ihre gütige und rührende Teilnahme veranlaßt mich, Ihnen das so eingehend zu schreiben. Wem Staat und Vaterland nicht das höchste Gut ist und wer von den törichten und selbstzerstörerischen Menschen nicht das letzte Heil erwartet, der bleibt ja schließlich innerlich aufrecht und ungebrochen in Wahn und Elend, das ihn umgibt und bedroht. Die Zeit hat mich in Kampf und Arbeit hineingezogen. Ich bin Abgeordneter des Parlaments, Unterstaatssekretär im Kultusministerium, muß unendlich viel reden, schreiben und lesen. Kurz, ich kämpfe für Vernunft, Besonnenheit, Ordnung, Arbeit und unvermeidliche Zugeständnisse an die Massen, so tapfer und eifrig als ich kann. Stunden völliger Verzweiflung sind mir nicht erspart, aber innerlich bin ich ruhig und bis zu einem gewissen Grade heiter geblieben. Meine wissenschaftliche Arbeit schreitet fort, augenblicklich auf Geschichtsphilosophie bezogen. Sie gibt mir den Halt und den Stoff für alle Arbeit. Die Übersiedlung nach Berlin[3] hat mich von meinem lieben Heidelberg getrennt und in die mir

[3] Zur Übersiedlung nach Berlin und zum Wechsel an die philosophische Fakultät siehe Einleitung S. 23f.

verhaßte Großstadt geworfen. Auch bin ich doch innerlich äußerst unpreußisch. Aber sie hat mich auch in eine große Wirksamkeit hineingestellt, die den Tätigkeitsdrang und das Kraftgefühl befriedigt, mir unendlich viel Kenntnisse zuführt und hoffentlich dem Ganzen ein bißchen nützt. Kurz, man kann immer noch tief dankbar sein für das, was man hat, und muß nun eben in bösen Tagen einen Glauben bewähren, den man in guten sich nicht hat rauben lassen. Gott wird weiter helfen, jedenfalls die Seele nicht aus seiner Hand fallen lassen.

Nun aber zu Ihnen, der Sie so gütig und liebreich zu mir sprechen, daß ich mich dadurch wahrhaft beglückt fühlte. Übrigens habe ich die persönlichen Beziehungen zu den Ausländern überall aufgenommen, wo sie sich darboten. Das hat in meiner Seele kein Hindernis. Denn zu mir kommen ja nur homines bonae voluntatis, die die Wunden schonen und persönlich den Völkerwahnsinn überbrücken wollen und können. So besteht für mich insbesondere Ihnen gegenüber gar keine Schwierigkeit. Sie haben ja auch in diesen Schreckenszeiten seelisch gelitten. Und überdies haben Sie so schweres Leid in Ihrer engsten Familie gehabt. Wie leid tut es mir, daß Sie Ihre älteste Tochter verloren haben[4]. Das mag eine schwere Reise gewesen sein, hin und zurück. Wir alle beklagen liebe Tote. Meine Mutter erlitt beim Ausbruch des Krieges vor Schrecken einen Schlaganfall und starb bald darauf. Mein Vater wurde dadurch gebrochen und abgestumpft und lebte noch zwei Jahre, ohne den Krieg

[4] Von Hügels Tochter Gertrud starb in Rom im August 1915. Er fuhr während des Krieges nach Rom, um seine todkranke Tochter zu besuchen.

zu begreifen. Meine Schwester verlor ihren einzigen Sohn nach zwei Wochen Kriegsdienst. Mein Schwager brach darüber zusammen und starb ein Jahr darauf[5]! So geht es in diesen Zeiten. Jeder ist glücklich zu preisen, den der Tod erlöst hat vom Wahnsinn dieser Welt, und wer zurückbleibt, muß die Menschenliebe schon etwas stark anspannen, um es unter den Menschen aushalten zu können. Zum Glück ist die Menschenliebe eigentlich keine Menschenliebe, sondern eine Gottesliebe, die das Göttliche im Menschen und nicht die arme, wirrköpfige Kreatur an sich liebt[6].

Daß Sie Mut und Kraft gefunden haben, nach Ihrer Operation wieder an ein Buch zu gehen[7], das ist sehr schön. Wer wird dabei an Gleichgültigkeit denken! Wir tun unser Werk, wie uns die innere Stimme drängt, und werden damit das Beste tun, was wir können. Es geht mir ja auch nicht anders. Die Religionsphilosophie hat mich, als auf den schwierigsten Punkt, zur Geschichtsphilosophie geführt. Daran bohre ich jetzt mit allen Kräften. Eine Probe davon erlaube ich mir Ihnen als Dank für die Schrift von Herrn Kemp Smith zu schicken. Es soll schließlich ein neuer Band werden. Das Mittelalter wird dabei als ein Hauptproblem in den Vordergrund treten. Ich bin im Laufe der Zeit etwas antiklassisch und etwas mittelalterlich geworden, nicht zum wenigsten durch die eifrige Dante-Lektüre, der für mich nach der Bibel

[5] Vorstehender Text ab: „Wir alle beklagen ..." im Nachruf.

[6] Vorstehender Text ab: „Jeder ist glücklich zu preisen ..." im Nachruf.

[7] Gemeint ist: F. von Hügel, Essays and Addresses, I, London-New York 1921.

kommt und mit Goethe und Shakespeare mein Heiliger ist. Ein bißchen weltlich sind meine Heiligen ja immer. Aber ich suche das Heilige in ihnen, nicht das Allzumenschliche.
Für den Antrittsvortrag von Herrn Norman Kemp Smith[8] danke ich Ihnen herzlich. Die Dinge sehen sich doch überall ein bißchen anders an. Die Art, wie hier der Schotte die geistige Welt sieht, ist mir sehr interessant. Es ist doch immer wesentlich die Frage der Naturwissenschaften und ihrer Interpretation, verbunden mit dem Blick auf das evolutionistische Bild der Dinge. Es bleibt alles in dieser allgemeinsten Fragestellung, und die Entscheidung ist dann mehr eine grundsätzliche Beruhigung über die Möglichkeit oder Gefordertheit einer idealistischen Deutung. Das einzelne wird dann der Praxis oder den Spezialwissenschaften überlassen. Interessant war mir das vom Naturalismus entworfene Bild. Leider gibt er keine Namen an. Er ist in dieser Weise mir unbekannt, übrigens ein sehr inkonsistenter Naturalismus, der offenbar die Spencersche Lehre voraussetzt und sie nur in bezug auf die Wert- und Kulturwelt etwas lebendiger macht. Mir meinerseits liegt im Moment alles an gewissen Problemen der historischen Entwicklung, und ich mustere die großen Systematiker durch in bezug auf das, was sie dafür geleistet haben. Das führt mich nun übrigens auch meinerseits zu sehr vielen Berührungen mit Bergson.
Ob ich bei allem Fleiß und Eifer Ihre gute Meinung so

[8] Norman Kemp Smith (1872-1958), 1919-1945 Professor für Logik und Metaphysik an der Universität Edinburgh, bekannt durch seine Auseinandersetzung mit Kant.

verdiene, wie Sie sie aussprechen, das weiß ich nicht. Ich sehe doch eben sehr viele Lücken. Aber das weiß ich, daß ich Ihnen für diese gute Meinung sehr dankbar bin und mich ihrer freue. Es tut wohl, in der Fremde draußen nicht nur dem menschlichen Wohlwollen, sondern auch der sachlichen Schätzung zu begegnen. Hier in Deutschland stehe ich wesentlich in Kämpferstellung, einerseits gegen das Spezialistentum und seine Selbstzufriedenheit, andererseits gegen den Radikalismus und Dilettantismus, die sich erschreckend breitmachen.

Nun genug. Haben Sie nochmals vielen, vielen Dank, und erhalten Sie Ihre geistige Gesinnung

Ihrem Ernst Troeltsch

Ihre German Soul[9] würde ich sehr gerne lesen aus persönlichen und sachlichen Gründen. So leicht verletzlich bin ich ja überhaupt nicht. Ich vertrage schon einen Puff.

[9] F. von Hügel, The German Soul in its Attitude towards Ethics and Christianity, the State and War. Two Studies, London u. a., 1916. Von Hügel versuchte in diesem Werk, zwischen deutscher Kultur und dem damals herrschenden Militarismus zu unterscheiden. Er stellt dabei besonders die philosophischen und politischen Positionen von F. Naumann und E. Troeltsch vor. Zur Darstellung Troeltschs zog er dabei heran: Grundprobleme der Ethik, in: E. Troeltsch, II, S. 552-672; Die Soziallehren (E. Troeltsch I); und die Aufsätze: Die deutsche Idee von der Freiheit, und: Privatmoral und Staatsmoral, in: Die Neue Rundschau 27,1 (1916), die beide aufgenommen wurden in: E. Troeltsch, Deutscher Geist in Westeuropa, Tübingen 1925.

Nr. 13

Tutzing, Oberbayern[1]

13. 8. 21.

Hochverehrter, teurer Herr Baron!

Ihre Güte beschämt mich tief. Ich war ja meinerseits Ihnen zu schreiben schuldig. Ihr Brief liegt beständig auf meinem Schreibtisch, er ist also nicht vergessen, sondern sollte umgekehrt mich an meine Antwortpflicht erinnern. Aber gerade bei Briefen, die mir am Herzen liegen und deren Beantwortung in tiefere seelische Schichten greift, verschiebe ich immer wieder den Entschluß und beantworte an Stelle dessen die oberflächlichen Tagesbriefe. In diesen Ferien hätte ich Ihnen geschrieben. Nun sind Sie mir zuvorgekommen. Das entspricht ganz Ihrer immer bewährten Güte, für die ich Ihnen ganz außerordentlich dankbar bin. Besonders unter den heutigen Umständen ist jedes Wort der Liebe, das von draußen kommt, ein Trost und eine Aufrichtung.

Vielen Dank insbesondere für Ihre Worte über meine Dante-Rede[2]. Sie kommt eigentlich unmittelbar aus dem Leben. Dante ist für mich seit langem ein Erbauungsbuch, das ich zu rein persönlichem Bedarf lese, ohne jede Einmischung von Wissenschaft und Kunsttheorie. So habe ich den Festakt rein als

[1] Gedruckter Briefkopf: „Prof. Dr. Troeltsch / Berlin-Westend / Reichskanzlerplatz 4I / Tel. Wilhelm 2054".

[2] E. Troeltsch, Der Berg der Läuterung. Rede zur Erinnerung an den 600jährigen Todestag Dantes, gehalten im Auftrage des Ausschusses für eine deutsche Dantefeier am 3. Juli 1921 in der Staatsoper, Berlin 1921.

nationale seelische Erbauungsfeier behandelt, von jeder internationalen Verwendung und politischen Ausbeutung ganz abgesehen. Das ist auch heute noch deutsch in seinem eigentlichsten Sinne und entspricht vor allem meiner persönlichen Geistesart. Aus dem Unglück der Welt weiß ich keinen Ausweg, aber es gibt eine Rettung der Seele, die dazu nichts als unserer alten geistigen Schätze bedarf. Und wenn die anderen diesen Weg nicht gehen wollen, so müssen doch wir ihn gehen. Dabei weiß ich selbstverständlich, daß die Möglichkeit materiellen Lebens die Voraussetzung auch dafür bleibt. Aber von der Sicherung dieser Möglichkeiten verstehe ich nicht viel und überlasse das anderen, die es besser wissen. Meine Mission behält daneben doch ihren Wert und Sinn. Es wird Sie vielleicht interessieren zu erfahren, daß die Rede auf das Publikum großen Eindruck gemacht hat und daß es für die leitenden Kreise von vornherein eine ausgemachte Sache war, mich mit der Aufgabe zu betrauen. Unter unseren heute leitenden Männern sind viele gleicher Gesinnung. Es kann nur bei dem ewigen Druck von außen nicht recht zur Geltung kommen.

Viel wichtiger sind nun freilich die beiden anderen Angelegenheiten[3]. Ich darf vor allem sagen, daß ich die Ehre tief empfinde und mich über beide Anfragen von Herzen freue. Auch sehe ich natürlich die Wichtigkeit ein, die beide Dinge für die Gewinnung geistiger Beziehungen haben. Ich halte die letzteren für absolut notwendig und bin glücklich darüber, daß

[3] Zum Verständnis dieses und der folgenden Briefe und zu weiteren Einzelheiten über die geplante Einladung Troeltschs nach England siehe Einleitung S. 39-41.

meine Lebensarbeit hier bei meinen Landsleuten und dort bei den Ihrigen (übrigens gleichzeitig in der Schweiz und in Holland, ja auch in Italien) mir jetzt den Lohn bringt, in dieser Hinsicht wenigstens Vertrauen zu genießen und ein Kleines beitragen zu können. Aber daneben gibt es Schwierigkeiten und Bedenken. Die Zeit für den Juli nächsten Jahres (und zwar möglichst nahe an unserem Semesterschluß 1. August) will ich natürlich gerne opfern. Das ist eine große und ernste Sache und wichtiger als meine Bücher und meine Bequemlichkeit. Auch ist es mir längst ein heißes Bedürfnis, endlich einmal England von innen und nicht bloß von der Küste zu sehen. Aber nun die wirklichen Bedenken! Ich spreche das notdürftige Englisch, aber schlecht, und habe keine Zeit, in dieser Zeit mein Englisch zu verbessern. Die gütige Anerbietung einer Übersetzung von Ihrer Seite würde ich mit größter Dankbarkeit annehmen müssen. Es bleibt meine schlechte Aussprache!! Der zweite Punkt ist das Thema. Ich habe keine Ahnung, welche Art von Thematen hier erwünscht ist. Irgendwie würde es ja wohl das Thema sein müssen: Die Lage des Christentums in der heutigen Welt. Eine bessere Formulierung weiß ich zur Zeit nicht. Der dritte Punkt ist sehr heikel, und ihn berühre ich äußerst ungern. Die finanziellen Verhältnisse der deutschen Professoren sind heute überaus ungünstig. Über Wohnung, Kleidung und Nahrung hinaus reicht es bei uns kaum. Schon die kleinen Ferienausspannungen im eigenen Land, die absolut nötig sind, bilden ein ernstes Problem. Ich müßte also erst bei den Valutaverhältnissen eine Rechnung aufstellen, ob mir die Reise überhaupt möglich ist. Ich kann das jetzt noch nicht sagen; weiß auch nicht, wie ich in einem Jahre finanziell stehen werde. Steuern und Teuerung sind unberechenbar. Nun ist es mir aber ganz unmöglich, den Herren von der Association darüber eine Andeutung zu machen. Ich bin von früher her solche Peinlichkeiten nicht gewöhnt und finde mich in diesen Teil unseres Schicksals Ausländern gegenüber am schwersten. Ich sage immer lieber gleich rundweg ab unter irgendeinem Vorwand, nur um diese entsetzlich peinliche Sache nicht berühren zu müssen und jeden Schein zu vermeiden, als wollte ich in solchen geistigen Angelegenheiten materielle Vorteile. Die Gastfreundschaft in England, die Sie mir so großmütig anbieten, beseitigt leider die Lasten nicht. Die Lasten liegen schon in der Reise selbst. Ich kann also aus diesem Grunde keine definitive Zusage geben, sondern muß die Sache von meinen Einkommensverhältnissen im nächsten Jahre noch abhängig machen. Es ist mir schauderhaft, das schreiben zu müssen; aber es geht wirklich nicht anders. Wir leben finanziell in einer geradezu fürchterlichen Unsicherheit und Unberechenbarkeit.

Und nun zur dritten Angelegenheit. Teilweise stehen die Bedenken ebenso. Ich brauche das nicht zu wiederholen. Auch kommt hier die Kostbarkeit der Zeit in Frage. Ich muß darüber Herrn Green[4] selbst schreiben (d. h., es scheint, daß von London aus eine Anfrage abzuwarten ist, die ich dann erst zu beantworten habe), möchte aber doch auch Ihnen sagen, daß ich auch hier im Grundsatz gern bereit wäre, aber jeden-

[4] Samuel Walter Green (1853-1926), Professor für neutestamentliche Exegese an der Universität London; Dekan und Senatsvertreter der theologischen Fakultät.

falls im kommenden Jahre dazu nicht imstande bin. Ich muß in diesem Jahre 1922 mein Buch „Der moderne Historismus und seine Probleme“ unbedingt druckfertig machen, d. h. den ersten Halbband, und kann daher auf weitere Dinge mich in diesem Jahre unbedingt nicht einlassen. Ich bin beinahe fertig, es fehlen aber viele Einzelstücke, die viel Mühe machen, und die Endredaktion. Es ist also jedenfalls für die nächste Zeit keine Möglichkeit vorhanden.

Ich schreibe hier in der Sommerfrische, die ich am Starnberger See bei München nach Wunsch gefunden habe. Daher kommen auch die so verschiedenen Briefbogen[5]. Ich habe offenbar auf gut Glück allerhand Bogen in den Koffer gesteckt. Ich bin leider ohne Frau und Kind, die so weit nicht reisen mochten und in der Nähe Berlins in einer billigen Sommerfrische sind. Der Bub ist vollkommen gesund, nachdem er im Winter uns durch Keuchhusten viel zu schaffen gemacht hatte. Dagegen ist meine Frau wieder recht elend. Die Folgen der Kriegsernährung und der jetzt unvermeidlichen Überarbeitung haben sich, wie bei sehr vielen Frauen, auf die Galle geschlagen. Da hat sie nun alle Augenblicke ihre Anfälle und muß dann liegen. Ich hoffe sehr, daß sich das bessert.

Hoffentlich befinden Sie und die Ihrigen sich wohl. Ich denke auch meinerseits Ihrer stets auf das wärmste und dankbarste. Das Briefschreiben ist bei meiner enormen Belastung oft in der Tat schwierig und kommt dem Gedenken nicht nach. Ich möchte bloß

[5] Der letzte Teil des Briefes ist auf einen Briefbogen kleineren Formats geschrieben, mit gedrucktem Briefkopf: „Philosophisches Seminar der Universität Berlin / Berlin N. W. 7 . . . / Dorothenstr. 10“.

zum Schlusse angesichts Ihrer großen, allzugroßen Güte sagen: überschätzen Sie mich bitte nicht. Ich muß sonst immer irgendeine Enttäuschung befürchten, wenn Sie mich aus der Nähe kennten. Ich tue mein möglichstes und hoffe, ein homo bonae voluntatis zu sein, aber ich bin mir der empfindlichen Schranken wohl bewußt, die mir durch Begabung, Wesen und Stoffüberfülle gesetzt sind[6].

Ihren Brief, der zu Hause liegt, will ich nach der Rückkehr beantworten. Für heute nur nochmals herzlichsten Gruß und Dank. Seien auch Sie von Herzen Gott befohlen!

Ihr getreuer
Ernst Troeltsch.

[6] Vorstehender Text ab: „überschätzen Sie mich ..." im Nachruf.

Nr. 14

Riederau a/Ammersee [1]
Oberbayern

Verehrter und teurer Herr Baron!

Für Ihren neuen so überaus freundlichen und rührenden Brief danke ich Ihnen von ganzem Herzen. Daß mir die finanzielle Seite der Sache sehr unangenehm und drückend ist, können Sie sich ja denken, so wundervoll gütig Sie auch verstanden haben, die leidige Sache zu behandeln. Die Reise auf deutschem Boden kann ich schon bestreiten. Aber die Reise durch Holland und über den Kanal kann ich bei den Valutaverhältnissen nicht bestreiten. Auch kann man in England selbst nicht ohne alles Geld existieren. Das ist der Grund, weshalb ich gar nicht anders kann, als Ihr gütiges Anerbieten anzunehmen, wenn ich überhaupt auf den Plan eingehen will. Selbstverständlich würde es sich nur eben um das dringend Notwendige handeln, das ich freilich von hier aus zu berechnen heute gar nicht imstande bin. Ich weiß nicht, ob es erlaubt ist, eine so zartfühlend und feinfühlig angebotene Hilfeleistung als drückend zu bezeichnen. Eigentlich müßte ich ja rein mich darüber freuen und die Feinheit und Anmut bewundern. Allein es kommt mir dabei doch eben gar zu schmerzlich der allgemeine Wandel der Verhältnisse und die Furchtbarkeit der Weltkatastrophe zu Bewußtsein, und ich kann nicht leugnen, daß es mir nicht ganz leicht ist, über das Hindernis hinwegzukommen. Nehmen Sie mir das

[1] Gedruckter Briefkopf wie in Brief Nr. 13, Anm. 5. — Notiz von Hügels: „Ende August (?) 1921".

bitte nicht übel. Aber ein klein bißchen schwer wird es mir doch, sosehr ich weiß, daß in diesem Falle wirklich das Geben wie das Nehmen in einer wahrhaft christlichen Liebe ausgelöscht sind.

Soviel über dieses erste Hindernis. Was das Thema anbetrifft, so bin ich allen Wünschen zugänglich. Ich kann mich ja noch besinnen und werde hier nichts tun ohne Ihre Zustimmung, da Sie ja den Boden und die Verhältnisse viel besser übersehen. Ich kann natürlich nur, bei allem Respekt vor allen Kirchen und Denominationen, von einem überkonfessionellen Standpunkte aus sprechen für die Menschen, die innerhalb, neben oder über den Kirchen das Bedürfnis nach einer sozusagen persönlichen Religion empfinden, die dann mit den jeweiligen Gemeinschaften sich nach Umständen und Möglichkeiten abfinden mag.

Die dritte Schwierigkeit, der Sprache, muß ich eben versuchen, so gut als möglich zu überwinden. Es wird ja wohl hoffentlich gehen, wenn ich die Ohren aufmache und mir Mühe gebe. Auch hier haben Sie ja ein sehr sinnreiches Hilfe-Verfahren ausgedacht, für das ich Ihnen weiter danke.

Die Zeit macht keine Schwierigkeit. Die letzte Juliwoche kann ich schon verwenden. Ich lasse mich eben für diese Woche beurlauben. Im August bin ich völlig frei und kann disponieren, wie es erwünscht ist. Darüber sind also besondere Abmachungen überhaupt nicht zu treffen. Das kann ganz nach Bedarf und Gelegenheit geordnet werden. Ich kann ja selber nur wünschen, einen möglichst tiefen und starken Eindruck von England zu bekommen, wonach ich längst Bedürfnis habe. Derartige Dinge sind für mich die beste geistige Auffrischung.

An die London University, von der ich inzwischen auch die Anfrage erhalten habe, will ich jedenfalls erst für 1923 zuschreiben, wenn ich dazu mich entschließen kann. Denn hier sind natürlich die sprachlichen Schwierigkeiten besonders groß. Finanzielle bestehen nicht. Denn das Honorar ist ausreichend für die Reise.

Also, so Gott will, über das Jahr auf Wiedersehen und für alles wärmsten Dank. Meine Frau erholt sich langsam. Der Bub ist ganz munter.

Ihr getreuer
Ernst Troeltsch

Nr. 15

31. 12. 21.[1]

Hochverehrter, teurer Herr Baron!

Verzeihen Sie, daß ich so lange geschwiegen habe und erst am letzten Tage des Jahres Ihrer gedenke. Es sind sehr böse und stürmische Zeiten, die ich hinter mir habe. Mitte Oktober mußte meine Frau wegen eines Gallenleidens operiert werden, und seitdem ist trotz des glücklichen Verlaufes der Operation doch die Gesundheit und Bewegungsfähigkeit nicht zurückgekehrt. Diese Gallenleiden sind bei uns heute, namentlich bei Frauen, häufig. Sie scheinen eine Folge der schlechten Ernährungsjahre zu sein, die außerdem unsere Frauen auch mit Arbeit über das Maß belastet haben. Die Operation war längst nötig, aber immer verschoben. Nun ist sie, Gott sei Dank, gerade noch vor dem Durchbruch der Eiterung in die Bauchhöhle gemacht und damit meine Frau gerettet worden. Dafür kann ich nur höchst dankbar sein. Aber dann kamen Venenentzündungen an beiden Beinen, dazu eine schwere Trombose und eine Nacheiterung der Wunde. Sie ist nun jetzt nach zwei Monaten in das Haus zurückgekehrt, muß aber noch liegen und kann sich nur wenig bewegen. Das wird vorübergehen, aber es ist für den Moment schwierig und nimmt mich auch vielfach für häusliche Geschäfte in Anspruch. Wir haben nur einen Dienstboten. Das Kindermädchen ging mitten in der Krankheit fort. Da kann man sich ja alles übrige den-

[1] Gedruckter Briefkopf wie in Brief Nr. 12.

ken. Dazu kam sehr viele und schwere Arbeit, die zum Teil dazu dienen mußte, die Krankheitskosten zu dekken. Kurz, es war und ist eine große häusliche Not. Immerhin ist dabei der Bub völlig gesund geblieben, und auch mir hat die Sache außer einiger Nervostiät nichts geschadet. Natürlich fühle ich dabei ein bemerkbares Älterwerden. Aber das war ja wohl überhaupt nicht aufzuhalten. Ich lege Ihnen mein Bild Ihrem Wunsche gemäß (in einem allerdings kleinen Format) bei. Sie ersehen daraus nur, daß ich im wesentlichen wohl unverändert bin. Allerdings ganz grau bin ich geworden. Aber das schadet nichts.

Im übrigen ist das Leben natürlich unter den heutigen Verhältnissen schwer. Finanziell schlägt man sich durch. Bei Verringerung der Ansprüche geht das schon. Das schlimmste ist die Unerschwinglichkeit der Reisen auch im Inland. Das ist jedesmal eine große, sehr zu überlegende Finanzaffäre. Auch der Mangel an ausländischen Büchern ist empfindlich. Ich bekomme mehrfach aus England geschickt, aus Frankreich gar nichts. Man verliert dabei etwas die Fühlung, was für einen Kulturphilosophen unerfreulich ist. Aber es muß schließlich auch so gehen, und die nächste Generation wird es besser haben. Am schlimmsten ist der seelische Druck der allgemeinen Zustände in der Welt überhaupt und bei uns insbesondere. In der Welt rast der alte Geist der Diplomaten- und Gewaltpolitik weiter, jedenfalls in der europäischen, und der Kapitalismus ist der eigentliche Sieger in der ganzen Welt. Die sozialistischen Experimente, auf die ich niemals Hoffnung setzte, sind gescheitert in Rußland und bei uns. Es sind davon nur Macht- und Interessenpolitiker übriggeblieben, die bei uns die Ämterpatronage und die Lohnbewegungen ausnützen, in Rußland eine neue Herrenkaste. Unsere deutschen Sozialisten sind kleine Leute, haben wenig Talente und können nicht regieren. Der Staat ist zerbrochen und ohne Autorität, und in dem Chaos triumphieren nur Kapitalisten einerseits, Abenteurer und Wucherer andererseits. Vielleicht daß bei den Industrieführern noch am meisten Energie und Klarheit ist. Die Intellektuellen, Professoren etc. sind so einfältig wie möglich, kämpfen den Klassenkampf gegen die drohende Deklassierung und wiederholen die alte nationalistische Ideologie. An positive Arbeit und Heilung der Schäden denken nur wenige. Alles tobt und schimpft über das, was ihm nicht gefällt, wozu ja Anlaß allerdings genug vorhanden ist.

Alles das fällt schwer auf das Herz. Es ist ja auch bei größerer Vernunft der Menschen kaum ein Ausweg sichtbar. Der französische Napoleonismus schlägt jede sich regende Möglichkeit und auch die Vernunft bei uns zu Boden. Was hilft es da, daß die Massen bei uns wieder verständig und arbeitswillig geworden sind. Vernunft und guter Wille ist genug vorhanden, aber sie können sich nicht zur Geltung bringen.

Die wissenschaftliche Arbeit geht natürlich auch unter diesen Trümmern und Unruhen fort. Sie spitzt sich unter diesen Umständen ganz unwillkürlich auf praktische Interessen der geistigen Wiedergeburt, Vereinfachung, Verinnerlichung zu. Das rein Theoretische tritt etwas zurück. Man kommt sich sonst gar zu fremd und wirkungslos in der Welt vor, die nach Klarheit und nach Glauben drängt, je mehr aller Glaube durch den wirklichen Gang der Dinge immer wieder enttäuscht wird. Mein Buch über den „modernen Historismus und seine Probleme"[2] wird zum Herbst druckfertig sein, erfordert aber allerdings noch sehr viel Arbeit. Es bekommt natürlich auch eine praktische Spitze, noch etwas mehr, als es schon ohnedies in dem Wesen des Problems liegt. Mir liegt alles an der Wiedergewinnung seelischer Kraft und einer gewissen Konzentration. Aus der entsetzlichen intellektuellen Zerstreuung heraus und zu einer bestimmten Richtung empor: das ist eigentlich mein Hauptbedürfnis. Es geht anderen ja ebenso.

Ihnen habe ich noch herzlichst zu danken für ein neues Geschenk Ihrer Güte[3]. Es ist bewunderungswürdig, mit welcher Energie Sie bis ins hohe Alter Ihre Interessen verfolgen und dabei die breiteste und weiteste Umsicht walten lassen. Ich muß die genauere Lektüre verschieben, bis ich zu meiner Vorlesung über Religionsphilosophie wieder komme. Denn im Moment absorbiert mich mein Buch und die dafür nötige Arbeit vollkommen. Es geht mir dabei wie immer: Bald will mir gar nichts mehr gefallen, bald scheint es mir recht eigentümlich und ertragreich. Das ist keine Stimmung, um sich ruhig in fremde Arbeit anderen Gebietes zu versetzen. Ich muß das richtige Studieren verschieben. Augenblicklich stecke ich in naturphilosophischen Sachen, die mir als Gegenstück der Geschichtsphilosophie wichtig sind. Dann kommt das sehr dornige Gebiet der modernen Wertlehre, wo es mir noch sehr am Überblick fehlt. Durch all das muß ich durch. Gott gebe, daß es der Mühe wert ist.

[2] E. Troeltsch, Der Historismus und seine Probleme, Tübingen 1922 (= E. Troeltsch, III).

[3] F. von Hügel, Essays and Addresses on the Philosophy of Religion, I, London-New York 1921.

Es ist nicht Zufall, daß ich Ihnen am letzten Tage des Jahres schreibe. Da gedenke ich alles dessen, was mir teuer ist, aller Dankesschulden, die ich habe, und aller Liebe, die einen in dieser schweren Welt tröstet und darüber gewiß macht, daß es noch etwas anderes gibt als Dummheit und Selbstsucht.
Gott erhalte und behüte Sie in dem neuen Jahre. Und Sie bitte ich, mir Ihre Güte und Fürbitte zu erhalten.

In herzlicher Treue
Ihr Ernst Troeltsch

Nr. 16

15. 6. 22.[1]

Teurer und verehrter Herr Baron!

Längst hätte ich Ihnen schreiben sollen, und mein Wille war es auch aufrichtig. Allein ich litt teils unter sehr schwierigen häuslichen Verhältnissen, teils unter einer furchtbaren Arbeitslast. Das erstere bestand in einer schweren Erkrankung meiner Frau, die im Oktober vorigen Jahres operiert werden mußte und Weihnachten noch sehr schwach in das Haus zurückkehrte. Als sie endlich erholt war, hatten wir von April bis Mitte Mai kein Dienstmädchen. Die deutschen Dienstmädchen gehen in das Ausland und sind noch im Geiste der Revolution und des Kommunismus bei uns selbst, soweit sie hier sind, schwer zu haben und zu behandeln. Dazu kommen die elenden Finanzverhältnisse unserer bisher gutsituierten Mittelschicht. Das Leben ist maßlos schwierig geworden. Kurz, die Folge war eine neue Erkrankung meiner Frau, diesmal eine Nierenbecken-Entzündung, seit Anfang Mai bis heute. Natürlich nahm mich unter diesen Umständen die Fürsorge für den — übrigens Gott sei Dank sehr gesunden — Sohn und außerdem auch manche häusliche Aufgabe in Anspruch. Daneben ging die übliche Arbeit, die Fertigstellung meines Buches und mancherlei reine Geldarbeit her. Ich bin zum Glück gesund geblieben, aber natürlich sehr abgehetzt und etwas nervös. Außerdem ist ja auch die allgemeine Atmosphäre so beschaffen, daß man stets von Unruhe zu Unruhe, von Sorge zu Sorge geht. Es gibt bei uns nichts, was er-

[1] Gedruckter Briefkopf wie in Brief Nr. 12.

freulich wäre und das Gemüt etwas befreien könnte. All das soll nur erklären, weshalb ich nicht zum Schreiben kam. Die Korrespondenz mit Ihnen wollte ich nicht rasch in der Hetzjagd erledigen, und so blieb sie leider unerledigt.

Eben wollte ich die Pfingstpause benutzen, um Ihnen für den letzten Brief vom März zu danken. Daß es aus dem Vortrag für die Jugend[2] nichts wurde, war mir unter diesen Umständen eigentlich eine Erleichterung. Man braucht doch für solche Dinge, die auf einem unter allen Umständen schwierigen Boden sich abspielen, Frische und gesammelte Kraft. Daran fehlt es mir augenblicklich ein bißchen, und so war ich froh über das Nichtzustandekommen, die Gründe mochten im übrigen sein, welche sie wollten. Jedenfalls danke ich Ihnen für die überaus zartfühlende und gütige Weise, in der Sie mir das mitgeteilt haben. Das ist ja immer Ihre Art und Ihr Wesen.

Nun wurde ich aber gerade bei der Absicht des Schreibens durch Ihren zweiten Brief vom Juni überrascht. Der Brief traf mich in dem Moment, wo ich zu einer Tagung der Kantgesellschaft in Halle abreisen mußte, um dort einen Vortrag über „die Logik des historischen Entwicklungsbegriffes"[3] zu halten. Das ist

[2] Von Hügel schrieb am 28. 9. 1922 an C. C. J. Webb und bat ihn, eine Einladung Troeltschs nach Oxford zu arrangieren, nachdem die Einladung nach Cambridge an nationalen Vorurteilen gescheitert war: „Über den Fehlschlag hinsichtlich Swanwick (die christlichen Studenten) wissen Sie Bescheid; er wurde nicht von einer antideutschen Einstellung, sondern wegen des Zweifels an Troeltschs hinlänglicher Rechtgläubigkeit verursacht" (vgl.: Bedoyère, The Life of Baron von Hügel, S. 345).

[3] Vgl. E. Troeltsch, Zur Logik des historischen Entwicklungsbegriffes, in: Kantstudien 27 (1922), später in: E. Troeltsch III.

inzwischen geschehen, und ich ging dann noch ein paar Tage aufs Land bei Dresden zu Freunden, um mich etwas auszuruhen. Nach der Rückkehr ist es mein erstes, Ihnen zu antworten, da die Fragen Ihres Briefes zu gewichtig waren, um noch rasch vor der Abreise beantwortet zu werden.

Was nun die Vorlesungen in London anbetrifft, so wäre ich jedenfalls dankbar, wenn das erst im Frühjahr nächsten Jahres stattzufinden brauchte. Das Buch muß fertig sein, und außerdem bin ich jetzt etwas zu sehr geschwächt und deprimiert. Es waren eben doch entsetzlich schwere Zeiten.

Wichtiger noch ist die Herrn Sherrington[4] betreffende Frage. Ich will Ihnen hierüber einen zweiten Brief beilegen zu beliebiger Verwertung. Die Vervielfältigung ist mir leider unmöglich, da ich niemand zur Hand habe. Zuvor aber möchte ich einiges bemerken. Die Aufzeichnungen des Herrn Sh. sind mir während des Krieges bekannt geworden und damals vom Kriegspresseamt vorgelegt worden. Sie können, alle bona fides bei Herrn Sh. vorausgesetzt, nicht stimmen. Denn ich habe niemals so gedacht. Ich habe dann damals in diesem Sinne in der Frankfurter Zeitung kurz geantwortet. Ich sah sie damals — die angeblichen Äußerungen stammten ja aus dem Jahre 1907 — als stark durch die Kriegsstimmung beeinflußt an. Wenn es nun wirklich Tagebuchblätter sind, dann kann Herr Sh. mich nur mißverstanden oder unter dem Druck vorgefaßter Meinungen verstanden haben. Daß

[4] Charles (Scott) Sherrington (1861-1952), Professor für Physiologie in Oxford; Arbeiten über die Funktion des Nervensystems; 1932 Nobelpreis für Medizin. Er wollte eine Einladung Troeltschs nach Oxford verhindern.

er merkwürdig reizbar ist, habe ich zufällig neulich in Utrecht erfahren. Dort ist der deutsche Pharmakologe Magnus mit ihm nahe befreundet gewesen. Aber Herr Sh. hat auf die Tatsache hin, daß Magnus sich an den deutschen Hilfsaktionen beteiligte, jeden Verkehr mit ihm abgebrochen und jede Annäherung verweigert, bis er endlich jetzt im April 1922 ihm einen Gruß schickte. Ich war zufällig anwesend, wie dieser Gruß ankam, und konnte beobachten, wie befreiend und erlösend das auf Herrn Magnus wirkte, der alles andere eher ist als ein Chauvinist. Herr Sh. scheint aber auch in diesem Falle eine an sich selbstverständliche patriotische Handlung unter ihr fremden Kategorien aufgefaßt zu haben. Als ich diese Dinge in Utrecht miterlebte, da habe ich dann auch seine Tagebuchblätter besser verstanden. Ich habe niemals so gedacht, wie dort geschrieben steht, und begreife offengestanden nicht, wie ein derartiger Bericht zustande kommen konnte. Leider habe ich alles vergessen, auch die Tatsache der Unterredung selbst. Ich kann nur sagen: ich habe nie so gedacht. Doch das Nähere will ich in dem zweiten Briefe sagen.

Daß die Herren bona fide denken und zweifeln, und auch die bona fides von Herrn Sh. will ich gar nicht bestreiten. Aber etwas — ein ganz klein wenig — erbittert bin ich durch dieses Mißverständnis doch. Wenn die Herren irgendwelchen Anstoß an meiner Person nehmen, so möchte ich mich ihnen durchaus nicht aufdrängen und würde lieber auf alles verzichten, als mit dieser wunderlichen Angelegenheit belastet den Herren Schwierigkeiten bereiten, so dankbar ich sonst für die gute und ehrenvolle Meinung bin. Gerade wo ich mich in einem unausgesetzten — und von mir nicht gesuchten – Kampfe mit den deutschen Nationalisten befinde, ist mir die Berührung mit auswärtigen Gelehrten auf unpolitischem Gebiete doppelt wertvoll. Es ist eine Art menschliche Kompensation für vieles Schmerzliche, was ein Freund menschlicher Geistesarbeit und Geistesverbündung heute erleben muß. Als ich z. B. Wilamowitz[5] zum 70. Geburtstag gratulierte, wies er die Gratulation zurück mit der Begründung, daß er von Vaterlandsverrätern keinen Glückwunsch annehmen könne! Das sind unangenehme Erlebnisse. Und nun schreiben Sie mir, daß ich bei einigen trefflichen englischen Herren im Verdacht des Chauvinismus stehe! Was soll man da tun, ohne hier oder dort anzustoßen? Im ganzen ist die Wirkung auf mich die, daß mir die Meinung der Menschen überhaupt viel gleichgültiger geworden ist und ich mich auf mein Gewissen verlasse, das mir meine gemäßigte und ausgleichende Haltung durchzuhalten befiehlt.

Sie wissen das, teuerster Freund, und haben es in der Ihnen eigenen, unübertrefflich vornehmen Weise zum Ausdruck gebracht. Ihnen bin ich, wie in allen Dingen, so auch in dieser Angelegenheit den zartesten Dank schuldig, einerlei, wie die Angelegenheit nun praktisch enden möge.

Ich kann nämlich die Sache nicht so wenden, daß ich sage: Ja, vor 15 Jahren habe ich so gedacht, heute denke ich anders. Ich habe niemals annexionistisch ge-

[5] Ulrich von Wilamowitz-Moellendorff (1848-1931), Professor für klassische Philologie in Berlin, galt weithin als unanfechtbare Autorität. Seinen Affront gegen Troeltsch verwendete vermutlich von Hügel als Beweis, daß Troeltsch kein Chauvinist sein konnte (vgl. F. von Hügel, Selected Letters, Einleitung von B. Holland, S. 48).

dacht und jede kontinentale Eroberung stets für Wahnsinn gehalten. Ich komme also nicht darum herum, das Sherringtonsche Tagebuch für einen Irrtum in diesen Punkten zu erklären. Das wieder wird für Herrn Sh. und seine Freunde unangenehm und Mißtrauen weckend sein, und so findet die Schraube kein Ende. Aber ich kann doch um deswillen nicht Ansichten auf mich nehmen, die ich nie gehabt, ja stets verworfen habe! Ich muß es nun dem guten Glück überlassen, wie meine Erklärung wirken kann, und bitte Sie nur dringend, mich nicht gegen Widerstände durchsetzen zu wollen. Da setzt bei mir doch ein begreiflicher und, wie ich glaube, berechtigter Stolz ein. Im übrigen lege ich alles in Ihre bewährten, gütigen Hände. Wie Sie es machen, wird es schon recht sein.

In alter Treue und Ergebenheit
Ihr Ernst Troeltsch

Nr. 17

15. 6. 22.[1]

Verehrter und teurer Herr Baron!

Sie fragen mich über meine Stellung zu den Tagebuchnotizen, die Herr Sherrington im Jahre 1907 bei Gelegenheit des Heidelberger Philosophen-Kongresses auf Grund einer Unterhaltung mit mir aufgezeichnet hat. Diese Notizen sind mir während des Krieges in einer Nummer der Times vorgelegt worden, und ich habe damals in der Frankfurter Zeitung bereits kurz darauf erwidert. Ich kann im wesentlichen nur diese Erwiderung wiederholen und ergänzen.
Die ganze Begegnung mit Herrn Sherrington und dementsprechend natürlich auch das ganze Gespräch ist meinem Gedächtnis leider total entfallen. Die Sache war ja bei der Veröffentlichung schon etwa 10 Jahre her. Ich kann also die Notizen nicht direkt mit Hilfe meines Gedächtnisses bestreiten. Ich kann nur das eine in vollster Wahrhaftigkeit sagen, daß ich nie so gedacht habe, wie vermutlich auch Sie etwas auch nur von ferne Ähnliches von mir nie gehört haben werden. Ich habe mich stets im Kampfe mit Alldeutschen und Chauvinisten befunden, auch den neupreußisch-schneidigen Geist stets bekämpft und bin entsprechend wieder bekämpft worden. Es müssen also

[1] Gedruckter Briefkopf wie in Brief Nr. 12.
Im Nachlaß von Hügels befindet sich auch eine englische Übersetzung dieses „offiziellen" Briefes. Sie dürfte, wie aus der Handschrift zu schließen ist, von Frau Baronin von Hügel angefertigt worden sein. In dieser Übersetzung wird „Alldeutsch" mit „Old-German" wiedergegeben — ein Fehler, der sich noch bei Bedoyère, aaO., S. 344, findet.

hier Mißverständnisse vorliegen, da ich die bona fides bei einem so hervorragenden Gelehrten natürlich nicht bestreite. Das einzige, was ich als meinen Gedanken wiedererkennen kann, weil ich stets so dachte und heute noch so denke, das ist der Satz, daß das deutsche Problem ein Übervölkerungsproblem ist. Es ist das heute noch und heute erst recht. Die Lösung konnte nur bestehen in einer wirtschaftlichen Expansion, die eine friedliche sein mußte, da wir leeres Gebiet um uns herum ja gar nicht hatten und der Erwerb fremdnationaler Gebiete überdies unsere sowieso noch recht ungefestigte Nation vollends unsicher machen mußte. Eine friedlich-wirtschaftliche Expansion, ein Menschen-Export und ein Zinsen-Import von auswärtigen Anlagen her konnte meines Erachtens die einzige Lösung sein. Anders stand das Sterben von Millionen bevor, die das natürlich nicht gutwillig und ruhig tun würden. Daß eine solche friedliche Expansion Schwierigkeiten finden würde, war natürlich. Sie sind ja auch gekommen. Jede Kriegspolitik, anders als schlimmstenfalls zur Aufrechterhaltung dieser friedlichen Expansion, habe ich, als von unserem kontinentalen Standort aus grundsätzlich falsch, stets verworfen. Wir mußten anderen Unrecht tun und gewannen nichts. Aus eben diesen Gründen habe ich die Rhetorik des Kaisers und verwandter Geister stets bekämpft, auch die auf das Militär kalkulierte Gesellschaftsverfassung für moralisch bedenklich und der politischen Entwicklung schädlich betrachtet. Das waren meine Überzeugungen schon damals, sie sind es auch heute noch. Nur konnte man damals optimistischer an Selbstdurchsetzung denken, während man heute an das andere entgegengesetzte Lösungsmittel denkt: Auswanderung, Geburtenbeschränkung und Sterben der Schwachen, wenn nicht — was Gott verhüte — ein noch viel ausgebreiteteres Millionensterben eintritt. Ich hoffe, daß diese Gefahr heute sehr verringert ist. Ausgeschlossen ist sie immer noch nicht, insbesondere, wenn die Lage durch jetzt sehr törichte sozialistische Experimente mit ihrer notwendigen Folge, der Produktionsverringerung, verschärft wird. Ich habe mich vor 2 Jahren für die Lösung des deutschen Problems in Gestalt einer der Schweiz ähnlichen Föderation ausgesprochen und glaube heute noch, daß das — bei Vorhandensein einer ausreichenden Miliz — eine erträgliche Lösung wäre.

Damit haben Sie meine Auffassung der Lage und die Konsequenz, die sich daraus für meine Stellung zu dem erwähnten Tagebuch ergibt. Ich scheue mich natürlich, von einem so ausgezeichneten und exakten Gelehrten zu sagen, daß er mich mißverstanden haben muß. Aber wenn ich irgendeine Kenntnis meiner selbst besitze, so kann ich doch dieser Folgerung nicht aus dem Wege gehen und kann Sie nur bitten, gegebenenfalls Herrn Sherrington und seine Freunde von der auch bei mir vorliegenden bona fides zu überzeugen, da Ihnen diese wie mein ganzes Denken ja seit Jahren bekannt ist.

In treuer Ergebenheit
Ihr Ernst Troeltsch

Nr. 18

25. 7. 22.[1]

Hochverehrter, teurer Herr Baron!

Vor kurzer Zeit bekam ich ein Schreiben des Sekretärs der London University, der sich auf Sie beruft und meinen Besuch in London auf März 1923 festsetzt. Ich möchte Ihnen für die Vermittlung herzlichst danken. Ich darf annehmen, daß Sie auch sonstige Schwierigkeiten dabei geglättet haben.
Im Moment bin ich furchtbar müde und abgespannt. Meine Frau ist auf dem Lande mit dem Sohne. Ich muß hier noch arbeiten. Dann gehe ich auf Einladung eines Großindustriellen auf dessen Landgut am Starnberger See bei München. Die Ermordung Rathenaus[2], mit dem ich nahe befreundet war, der drohende Zerfall des Reiches, die Orgien der Gemeinheit und des Unverstandes, die weitere Erschwerung der eigenen finanziellen Situation, die Angst vor dem Winter: alles das bringt zusammen mit der Überarbeitung und den nunmehr hoffentlich überstandenen Sorgen um meine Frau mich in eine trübe und deprimierte Seelenverfassung, wo ich noch an so große Dinge wie die Londoner Reise gar nicht denken mag. Es ist für mein jetziges Gefühl wie ein Berg, den ich kaum zu übersteigen vermag. Allein das sind Depressionszustände, die vorübergehen bei körperlicher Kräftigung. Eine tiefe Trauer wird zwar wohl nie mehr von mir weichen, solange ich lebe. Soweit ich für irdische Dinge lebte, habe ich für mein Vaterland

[1] Gedruckter Briefkopf wie in Brief Nr. 12.
[2] 24. 6. 1922.

gelebt, und ich sehe nun seinen hoffnungslosen Zerfall; und mit einem großen Teil der Menschen meines Standes und Berufes bin ich zerfallen, weil ich an eine Restauration nicht glaube und sie auch nicht wünsche. Es müßten ganz neue Wege gegangen werden, und die will niemand sehen.

Verzeihen Sie diesen Gefühlsausbruch. Ich habe in den letzten Wochen furchtbar gelitten und werde mich nie ganz davon erholen. Gott sei Dank hat der Mensch noch ein zweites Vaterland, aus dem einen niemand herauswerfen kann. In diesem sind wir ja beide heimisch.

Doch ich muß zu den weltlichen Affären zurück. Es kommt auf das Thema an. Drei Vorlesungen sollen es sein. Ich bitte Sie nun um Ihren Rat. Ich selber möchte am liebsten über das reden, was mich gegenwärtig beschäftigt. Das wäre das Thema: Die Bedeutung der Ethik für die Geschichtsphilosophie. Das wären dann drei Themata: 1. Die Menschenrechte, 2. Die Fortschrittsidee, 3. Die religiöse Bindung der Kultur. Das interessiert mich jetzt, und ich glaube, ich hätte allerlei darüber zu sagen, was nicht ganz gewöhnlich ist, sondern aus meinen neuen geschichtsphilosophischen Forschungen stammt.

Mein Buch über den „Historismus und seine Probleme" wird in diesem Herbst druckfertig. Das Manuskript ist vor ein paar Wochen abgeschlossen worden. Ein großer Teil [ist] schon gedruckt. Ich habe es mit der größten Anstrengung herausgestoßen und bin nun aber auch ein bißchen erschöpft.

Nun geht es an den zweiten Band. Im Winter soll ich Dekan, d. h. Geschäftsverwalter, unserer großen

Fakultät für ein Jahr werden. Das ist wieder eine kolossale Arbeit, bringt aber etwas Geld. Und das letztere ist leider jetzt so furchtbar wichtig. Ich hatte immer bescheidene Bedürfnisse, aber wenigstens Sicherheit der Existenz. Das ist jetzt vorbei. Der Kampf ums Dasein wird eine Realität. Aber das kennen Sie ja auch, und die geistigen Arbeiter in England sind auch nicht gut daran. Ich habe mit größtem Interesse darüber Inges „Outspoken Essays“[3] gelesen. Das muß ein feiner Kopf sein, wenn er auch recht falsche Vorstellungen von den „Deutschen“ hat. Überall diese gräßlichen Generalitäten.

Also nochmals vielen Dank. Mit dem Englisch wird es ja hoffentlich gehen. Ich muß die Vorträge rechtzeitig herstellen, damit sie übersetzt werden können. Ich denke, daß ich bis Weihnachten mit ihnen fertig bin. Hoffentlich befinden Sie sich wohl. Ich darf Ihnen wie immer meine Verehrung und Liebe aussprechen.

Ihr aufrichtig ergebener
Ernst Troeltsch

[3] William Ralph Inge (1860-1954), 1907-1911 Professor der Theologie in Cambridge, 1911-1934 Dekan (Dean) der St.-Pauls-Kathedrale in London; genannt „the Gloomy Dean“. Veröffentlichte u. a. die damals vielgelesenen Outspoken Essays, 2 Bde., 1919, 1922. F. von Hügel hatte 1913 mit Inge einen heftigen öffentlichen Zusammenstoß wegen dessen Äußerungen über Loisy und Tyrrell (vgl. Selected Letters S. 202).

Nr. 19

Ambach am Starnberger See
24. 8. 22.

Teurer und verehrter Herr Baron!

Verzeihen Sie, daß ich erst jetzt zur Beantwortung Ihrer so überaus gütigen Briefe komme. Ich war zunächst sehr abgespannt und ermattet. Dann gab es hier viele Menschen und entsprechende Unruhe. Jetzt bin ich allein in einem Häuschen, das ein Mittelding zwischen Wildnis und komfortablem Landhaus ist, dicht am Wasser. Ich schwimme, segle, rudere, laufe und bringe dabei meinen Körper wieder in die Höhe. Das Materielle ist nicht ganz erster Ordnung. Man ist auf ein bayrisches Landwirtshaus angewiesen, das sehr teuer und sehr schlecht ist. Doch wohnt im gleichen Hause eine russische Familie, die offenbar von ausländischer Valuta lebt und deren höchst ausgiebiges Frühstück ich zu teilen pflege. Es ist eine etwas sonderbare Einladung, aber in der Verrücktheit der gegenwärtigen Welt ist alles möglich, und die Hauptsache ist, daß ich mich in dieser Wildnis gut befinde. Anfang September muß ich in Kiel sprechen, es wird also bald zu Ende sein.

Nun aber zu Ihrem Briefe. Sie rühren und bewegen mich aufs tiefste mit Ihrem großmütigen Angebot. Die Zeit ist in der Tat schwer, es ist Teuerung und Hungersnot im Lande wie noch nie, abgesehen von dem schlimmsten Blockadewinter. Alles steigt enorm im Preise, wir nähern uns den österreichischen Verhältnissen. Ich vergesse es hier in der Wildnis nur ein bißchen, habe aber richtig Angst vor der Rückkehr in die Welt und in den Kampf ums Dasein. Unter diesen Umständen nehme ich Ihr gütiges Angebot als ein Zeichen Ihrer Liebe und Großmut an. Daß man dabei über ein paar innere Hindernisse hinüber muß, werden Sie begreifen und verzeihen. Aber wer so gibt wie Sie, der darf erwarten, daß der andere nicht kleiner und enger denkt. Ihre Hilfe ist mir im gegebenen Moment in der Tat eine Erleichterung der Situation, wie ich nicht verbergen kann.

Was die übrigen Dinge anbetrifft, so bin ich natürlich mit allem einverstanden, was Sie für richtig halten. Ich kann den Cambridger Herren weiter nicht zürnen, wenn ich sehe, wie verbohrt auch bei uns noch viele Leute sind. Ich bekomme beständig die Vorwürfe von den entgegengesetzten Seiten, und ich habe mich darein ergeben. Das einzelne wird noch zu ordnen und zu besprechen sein. Ich bitte Sie nur, mich nach Ihrer Kenntnis der Situation zu dirigieren. Ich habe in allen Stücken zu Ihnen, Ihrer Güte und Ihrer Kenntnis des Terrains das größte Vertrauen.

Nur Ihr Befinden macht mir Sorge. Die Nachricht von Ihrem nervösen Zusammenbruch hat mich aus vielen Gründen sehr erschreckt, vor allem natürlich aus Mitgefühl mit Ihnen und den Ihrigen. Ich hoffe, daß der Landaufenthalt seine gute Wirkung auch bei Ihnen tut und daß Sie gestärkt an Ihre Arbeit zurückkehren, die noch so wichtig ist.

Ich bin meinerseits inzwischen zum Dekan meiner Fakultät, d. h. zum Geschäftsführer für ein Jahr, gewählt worden. Das ist wieder viel Arbeit und Unruhe, im übrigen ein moralischer Erfolg, insofern die nationalistische Gegenpartei ihren Widerstand gegen mich aufgegeben hat und Frieden machen will.

Das ist auch mir eine Beruhigung und wird von mir mit dem besten Willen erwidert. Denn der ewige Kampf hat etwas Aufreibendes.
Ich wünsche Ihnen von ganzem Herzen Erholung und Stärkung und danke Ihnen für jedes gute Wort und jede treue Meinung. Sie sind mir wirklich ein Trost in den Wirren dieser Welt. Gott behüte Sie

Ihr treu ergebener Ernst Troeltsch

Zu der Wahl nach Edinburgh[1] meine besten Glückwünsche. Sie freut mich von Herzen.
Meiner Frau geht es wieder besser; ich hoffe, daß sie für den Winter gerüstet ist.

[1] F. von Hügel war für 1924-1926 zu den Gifford-Lectures an die Universität Edinburgh eingeladen worden, konnte aber wegen Krankheit nicht mehr Folge leisten. Er starb am 27. 1. 1925. Die Vorarbeiten zu diesen Vorlesungen erschienen posthum: The Reality of God, London-Toronto-New York 1931.

Nr. 20

24. 10. 22.[1]

Verehrter, teurer Herr Baron!

Auf ihren freundlichen Brief vom 17. des Monats erwidere ich Ihnen zunächst, daß ich mit genaueren Bestimmungen nur gezögert habe, weil ich Ihre Weisungen abwarten wollte. Auch mir paßt innerhalb der zur Verfügung stehenden Zeit der spätere Teil besser. Ich bin also mit 14., 16., 19. März ganz einverstanden und werde das meinerseits dem Registrar der London University mitteilen. Ich werde ihn zugleich über den Modus der Vorträge befragen. Es scheint, daß der Vortrag deutsch erwünscht ist und ein kurzes Inhaltsverzeichnis daneben englisch gegeben werden soll. Ich bin aber natürlich auch bereit, den Vortrag englisch abzulesen. Damit ist, wie ich glaube, diese Angelegenheit genügend geklärt.
Was nun den zweiten Punkt anbetrifft, so habe ich Ihnen allerherzlichst zu danken. Die 24 Pfund sind inzwischen hier eingetroffen. Ich werde sie mir morgen holen. Ich will nicht wiederholen, was ich Ihnen darüber schon geschrieben habe. Ihr Zartgefühl ist so groß wie Ihre Güte. Ich will nun auch gar nicht leugnen, daß mit den täglich sich erschwerenden Lebensverhältnissen das Geld eine wirkliche Hilfe geworden ist. Es gibt mir Ruhe gegenüber den drückenden und steigenden Sorgen. Ich werde es allerdings verbrauchen. Schon sind eine ganze Reihe dringender Bedürfnisse vorhanden, die ich dadurch decken kann. Wohnung

[1] Gedruckter Briefkopf wie in Brief Nr. 12.

und Beheizung sind enorm gestiegen. Ich bin nun für dieses Jahr von Sorgen befreit, und das ist eine unendliche Wohltat. Auch meine Frau, deren Gesundheit immer zart ist, dankt Ihnen herzlich.

Im übrigen will ich die Zustände nicht schildern. Man kann sich ja alles ungefähr denken. Wir haben als Staat und Volk die größten Sorgen betreffs dieses Winters, der sicher schwere Arbeitslosigkeit bringen wird und mehr oder minder gewaltsame Versuche, die „Besitzenden" dafür in Kontribution zu setzen. Das trifft dann immer am meisten die Beamten und Intellektuellen.

Sie werden, wie ich hoffe, in diesen Tagen die erste Lieferung meines Buches „Der Historismus und seine Probleme" erhalten. Es ist eine entsetzlich mühsame Arbeit vieler Jahre, macht aber, wie ich hoffe, die ganze Weite der mit der Historie zusammenhängenden philosophischen Probleme klar. Die zweite Lieferung wird im November oder Dezember folgen. Der zweite Band wird freilich noch ein paar Jahre brauchen. Er wird meinen Abriß der europäischen Universalgeschichte geben und daran meine Lösung der geschichtsphilosophischen Aufgabe anknüpfen, also im Grunde meine Ethik darstellen. Ich glaube, in der Übersicht über die Arbeit des verwichenen Jahrhunderts zum ersten Male einen klaren Durchblick gegeben zu haben, wobei mir übrigens englische Literatur gute Hilfe gegeben hat.

Daß Ihr Brief so kurz ist in Rücksicht auf dringende Arbeit, darf ich wohl als Zeichen Ihrer wiedererlangten Arbeitsfähigkeit betrachten. Bloß über Ihr Befinden hätte ich gerne noch ein Wort gehört. Denn

Sie haben mir mit dem letzten Briefe doch große Sorge gemacht. Ich darf aber hoffen, daß der Sommeraufenthalt Ihnen geholfen hat. Mir ist er gut bekommen. Ich habe jedenfalls viel menschliche Anregung und Liebe gefunden bei den Leuten, bei denen ich war, und das hilft mir immer am besten über die Schwächen hinweg, die in der Hauptsache doch aus Gemütserschütterungen stammen. Mit der Ernährung geht es ja immer noch so, daß von einer ernsthaften Schädigung nicht zu reden ist. Aber der Körper bedarf der Luft und das Gemüt einiger Heiterkeit und Ruhe. Das alles habe ich in Bayern gefunden. Hier geht nun freilich der alte Kampf ums Dasein wieder los.

Ihr getreuer
Ernst Troeltsch

Nr. 21

12. XI. 22.[1]

Hochverehrter Herr Baron!

Eine Nachricht von Herrn Comper habe ich noch nicht erhalten. Ich werde sie natürlich mit dem ehrerbietigsten Dank beantworten und mit der Bereitwilligkeit, allen Wünschen entgegenzukommen.
Dagegen habe ich von dem Registrar der London University Nachricht erhalten und seine Festsetzung des Datums natürlich angenommen, auch den Wunsch, daß die Vorlesungen auf englisch gehalten werden. Dieser Wunsch scheint mir sehr berechtigt, und ich habe es von Anfang an so angesehen. Es wird schon gehen. Ich habe neulich hier einer Studienkommission von Oxford Men *frei* einen englischen Vortrag von 1½ Stunden halten müssen, weil kein richtiger Dolmetscher vorhanden war. Ich glaube, die Leute haben mich verstanden. Sie waren jedenfalls sehr dankbar.
Wenn Sie die Güte haben wollen, die 4 Vorträge zu übersetzen, so ist das ein neuer Beweis Ihrer hilfsbereiten Güte, für die ich Ihnen nicht genug danken kann. Natürlich sollen Sie die Arbeiten sobald als möglich haben. Ich denke, Mitte Januar wird es möglich sein. Es ist ja natürlich, daß Sie die Sachen sobald als möglich haben müssen. Auch die drei Auszüge schicke ich dann mit.
Den Titel für die Vorlesung in LSSR[2] will ich mir noch überlegen. Er muß natürlich kurz sein. Bis jetzt denke ich an die Formel: „Politik, Patriotismus, Religion".

[1] Gedruckter Briefkopf wie in Brief Nr. 12.
[2] London Society for the Study of Religion.

Das ist jedes etwas anderes. Namentlich sind die ersten beiden nicht identisch. Jedes von den dreien hat seine eigene Logik. Die Schwierigkeit ist der Ausgleich. Ihren Rat, Plauderton anzuwenden, will ich gerne befolgen. Überhaupt alles so einfach wie möglich.
Über Ihr Befinden haben Sie mir wieder nichts mitgeteilt. Ich schließe aber aus Ihrer Tätigkeit auf bedeutende Besserung. In meinem Hause ist wenigstens alles leidlich gesund, und meine Frau — dank Ihrer Hilfe — im Gemüt sehr viel ruhiger. Ich habe meinerseits als Dekan der Fakultät entsetzlich zu tun. Aber ein Ausruhen des Geistes nach Vollendung des Buches, d. h. eine ganz andere Beschäftigung, ist ganz gut.

Mit vielen Grüßen Ihr getreuer
Ernst Troeltsch

Nr. 22

7. Dezember 1922[1]

Verehrtester Herr Baron!

Gewiß überlasse ich Ihnen die Arrangements. Denn zu wem könnte ich mehr Vertrauen haben als zu Ihnen? Allein die Pflichten der Höflichkeit bleiben schließlich doch für mich in Geltung. So habe ich Herrn C. C. Webb[2] letzten Sonntag, dem ersten Tag, den ich für Korrespondenz frei hatte, mit wärmstem Danke geantwortet. Das ist ja von seiner Seite eine große Ehre und Liebenswürdigkeit, die ich voll empfinde und über die ich mich sehr gefreut hatte. Nur bezüglich seiner Hauseinladung habe ich Ihrem Wunsch entsprechend ablehnend geantwortet; aber in so vorsichtiger Form, daß die inzwischen von Ihnen getroffene Abrede keine Schwierigkeiten macht. Ich will ihm nun noch einmal schreiben, daß, nachdem Ihre Bedenken weggefallen sind, ich natürlich mich freue, einer so lockenden Einladung folgen zu können. Bezüglich der Absolutheits-Exemplare will ich meinem Verleger schreiben. Darüber hat dieser allein Gewalt, da ich keine Exemplare mehr besitze.

Am gleichen Tage habe ich dem Canon Streeter[3] geschrieben, der einen kleinen Aufsatz von mir wollte, den ich geschrieben habe und für dessen Übersetzung ich Sorge getragen habe. Es war ein Vortrag, den ich

[1] Gedruckter Briefkopf wie in Brief Nr. 12.

[2] Clement Charles Julian Webb (1865-1954), Religionsphilosoph, Professor in Oxford. Über seine Bemühungen zur Einladung Troeltschs siehe Einleitung S. 40 und Brief Nr. 8, Anm. 4.

[3] Vermutlich: Burnett Streeter (1874-1934), Exeget, 1915-1934 Kanonikus (Canon) in Hereford.

hier einer englischen Studienkommission — teilweise frei — englisch gehalten hatte! Ebenso habe ich mit wärmstem Danke an Herrn Comper geschrieben. Dagegen habe ich die Einladung, von der Sie schreiben, nicht erhalten. Es passiert heute auf der Post viel Unglück; warum, weiß ich nicht. Es ist eben das alte Pflichtgefühl und der Ordnungssinn der Beamten viel geringer geworden.

Ich wollte dann gerade Ihnen schreiben, da kam Ihr Brief mir zuvor. Sie müssen eben bedenken, daß ich augenblicklich als Dekan die Verwaltungslast für 80 Professoren und 5000 Studenten trage. Meine Kollegen haben mich gewählt als eine Art Zeichen der Versöhnung, nachdem sie mir sechs Jahre lang wegen angeblich unpatriotischer Gesinnung zu einem großen Teil nichts als Schwierigkeiten gemacht hatten. Insofern ist dieses Dekanat ein Fortschritt. Es ist aber auch eine furchtbare Last. Sie können sich denken, daß es schwer ist, daneben so diffizile Vorträge fertigzustellen. Den Oxforder Vortrag will ich, Ihrem Wink entsprechend, in feierlicherem Stile halten. Das ist nicht schwer. Für die London University wird das gleiche gelten. Wirklich schwierig ist nur der Vortrag für Ihre Society, teils wegen der Situation, teils wegen des Themas selbst, das ich in diesen Jahren, ich kann wohl sagen, nicht durchdacht, sondern durchlitten habe. Ich sitze augenblicklich daran, und die Sache macht mir großes Kopfzerbrechen. Doch es wird schon gehen.

In dem Oxforder Vortrag kann ich die inzwischen erfolgte Weiterbildung meiner Gedanken vortragen. Auch das ist nicht leicht. Aber es ist eine schöne Gelegenheit.

Ich muß mich nun freilich sehr beeilen mit diesen Aufgaben und finde jeden Tag neue Störungen, Besuche, Sitzungen, Kommissionen etc. Aber es muß gehen. Ich schicke Ihnen die Sache stückweise, je nachdem ein Vortrag fertig ist, und will jeden erst in Maschinenschrift schreiben lassen, damit Sie nicht die Plage mit meiner Handschrift haben. Es wird ein heißes Stück Arbeit in den Weihnachtsferien.
Im übrigen bin ich gesund und sind die Meinigen augenblicklich auch gesund. Da wird es schon gehen. Ich benutze die Gelegenheit, um Ihnen zugleich meine allerherzlichsten Wünsche zum Weihnachtsfest auszusprechen. Vorher werde ich wohl, wenn nichts Besonderes vorfällt, nicht mehr schreiben. Von meiner steten Dankbarkeit gegen Sie will ich nicht mehr schreiben, als nötig ist, um Sie fühlen zu lassen, daß sie in jeder Zeile mit drinnen steckt.

Ihr getreuer E. Troeltsch

Nr. 23

29. XII. 22.[1]

Verehrter, teurer Herr Baron!

Vielen herzlichsten Dank für Ihren Brief. Sie scheinen damals den ersten Vortrag noch nicht gehabt zu haben, den ich Ihnen etwa am 20. XII. zugeschickt habe. Heute bin ich mit dem zweiten Einzelvortrag für Oxford endgültig fertig und schicke ihn Ihnen, wieder natürlich eingeschrieben. Der erste und zweite Londoner Vortrag sind gleichfalls fertig, doch müssen sie erst abgeschrieben und revidiert werden. Den dritten will ich auf dem Lande bei Erlangen machen, wo ich am 2. 1.23 hingehe, um mich etwas zu erholen. Sie erhalten dann Mitte Januar die ganze Sache, d. h. alle drei und das Summary, das die Herren wünschen. Ich will das letztere kurz halten und bitte Sie, das tunlichst bald dem Herrn Registrar zuzustellen.
Daß ich Ihnen soviel Übersetzungsarbeit zumuten muß, ist mir schrecklich. Ich denke bei jedem Satz an Sie und fürchte oft die Schwierigkeiten. Sie können, bitte, sehr frei übersetzen, nach Bedarf vereinfachen und kürzen. Es sind vielleicht für Engländer zuviel Nuancen darin. Ich habe überall dafür gesorgt, daß die Besonderheit meiner Voraussetzungen und die der deutschen Atmosphäre klar wird, aber auch eine Verständigung mit der englischen möglich wird. Anstrengend genug war die Arbeit neben meinem Dekanat. Ob sie gelungen ist, wage ich nicht zu beurteilen. Jedenfalls zeigen alle drei Vorträge die Eigen-

[1] Gedruckter Briefkopf wie in Brief Nr. 12.

art meines Denkens und viel Material, ohne das ich gar nicht wagen würde, so flottweg meine Gedanken vorzutragen.

Nun aber Ihr lieber neuer Brief! Vorerst vielen Dank meines Sohnes Ernst Eberhard für das schöne Christmasbild, das ihn und meine Frau sehr gefreut hat. Es ist so recht ein Bild, das zu Ihnen paßt.

1. Was dann die beiden Hauptfragen anbetrifft, so bin ich bezüglich aller Dinge natürlich mit Ihnen, teurer Freund, der fast meine Vorsehung ist, natürlich völlig einverstanden. Das Manchester New College ist, soviel ich weiß, ein Unitarier-College und schon deswegen gesellschaftlich begreiflicherweise nicht so ganz auf der Höhe. Es wäre mir aber auch in der Tat zuviel Arbeit, hierfür wieder ein neues Thema ausarbeiten zu sollen. Ich werde Herrn Drummond[2] sehr herzlich brieflich und dann noch persönlich danken. Es ist doch sehr schön von ihm, sich Berlins so freundlich zu erinnern.

2. Die zweite Sache, Edinburgh betreffend, ist mir auch alles recht. Ich werde Herrn Mackintosh[3] sofort sehr warm schreiben. Ein neues Thema möchte ich freilich nicht bearbeiten. Ich würde es für das beste halten, den ersten Londoner Vortrag zu nehmen: die

[2] William Hamilton Drummond (1863-1945), 1909-1918 Hrsg. der unitarischen Wochenschrift The Inquirer, Principal und 1923-1942 Ehrenpräsident des Manchester New College in Oxford. 1920-1929 Sekretär des Weltbundes für Freies Christentum und religiöse Freiheit, viele Vortrags- und Kontaktreisen, auch nach Deutschland.

[3] Im Original: „Macintosh"; gemeint ist Hugh Ross Mackintosh (1870-1936), 1904 Professor für systematische Theologie am New College in Edinburgh, 1935 Professor für christliche Dogmatik an der Universität Edinburgh. Schrieb: Types of Modern Theology. Schleiermacher to Barth, London 1937.

Gewissensmoral. Ich müßte dann freilich Anfang und Schluß den Verhältnissen anpassen. Aber das geht schon. Der Oxforder Vortrag ist zu sehr auf Oxford berechnet. Doch können Sie mir vielleicht dann noch einen Rat geben. Ich freue mich ganz außerordentlich, nach Edinburgh zu kommen, und besonders, Herrn Kemp Smith kennenzulernen. Ich denke, es wird alles gehen.

Natürlich erzähle ich niemand etwas von den Details, und die Briefe werde ich Ihrem Wunsch entsprechend vernichten. Ich habe überhaupt hier noch nichts als das Faktum einer Reise nach England berichtet. In den Zeitungen hat m. W. überhaupt gar nichts gestanden, und von mir aus kommt auch nichts hinein.

3. Was nun Ihren dritten Vorschlag betrifft, der ganz besonders rührend ist, so besitze ich einen Frack und Dinner-Jaquet mit Weste und Hose in ganz passablem Zustand. Die Weste ist ein bißchen abgetragen, und ich kann hier eine neue machen lassen. Das ist einfacher als das von Ihnen vorgeschlagene Verfahren, das meiner Meßkunst ziemlich viel zumutet und leicht sein Ziel verfehlen könnte. Aber innigsten Dank auch für diese zarte Rücksicht. (Nur von den Kosten hätten Sie nichts übernehmen dürfen!!)

Schließlich herzlichen Dank für Ihre Fürsorge für mein Buch. Ich bin immer noch halbtot von seiner schließlich forcierten Herstellung. Es ist, Gott sei Dank, vor der neuen großen Preissteigerung fertig geworden. Nun rumort die Fortsetzung in meinem Kopf.

Ich sende Ihnen die wärmsten Wünsche zu Weihnachten und Neujahr. Gott sei mit uns allen, besonders den Ihrigen und den Meinigen.

Ihr treuer Ernst Troeltsch

Nr. 24

11. I. 23.[1]

Verehrtester Herr Baron!

1. Gerade als ich die beiden weiteren Vorträge und das Summary abschicken wollte, kam Ihr lieber Brief. Ich sende Ihnen also mit dieser Post die ersten zwei Vorträge für die London University, zugleich das Summarium aller drei. Das letztere habe ich bei seiner Kürze in seiner handschriftlichen Form gelassen. Ich wollte die Sache nicht weiter durch Abschreibenlassen verzögern, und ich glaube, der Text ist sehr gut lesbar. Der dritte Vortrag ist fertig, muß aber noch durchkorrigiert und abgeschrieben werden. Ich sende ihn dann baldmöglichst, etwa in 8 Tagen. Das Summarium bitte ich Sie dem Registrar einzuhändigen. Ich werde diesem zu diesem Zwecke nicht mehr besonders schreiben, da ich Auslandsbriefe augenblicklich in großer (und kostbarer) Menge zu schreiben habe. Im übrigen bemerke ich, daß diese 3 Londoner Vorträge einen Teil der Grundideen meines kommenden II. Bandes des Historismus enthalten.

2. Meinen Verleger werde ich sofort veranlassen, ein Rezensionsexemplar an Herrn Bruce L. Richmond[2] zu schicken. Es ist mir natürlich eine sehr hohe Ehre, wenn dieser Herr die Anzeige selber leisten will. Wieviel auch hier Ihnen zu danken ist, weiß ich wohl.

[1] Gedruckter Briefkopf wie in Brief Nr. 12. — Notiz von Hügels: „Letzter, eigenhändiger Brief".

[2] Verantwortlich für The Times Literary Supplement. Eine anonyme Rezension über E. Troeltsch, Der Historismus und seine Probleme, erschien dort am 2. 8. 1923, S. 519.

3. Was das Student Christian Movement[3] anbetrifft, so folge ich natürlich auch hier Ihrem Rat. Ich habe schon hier Herren aus dieser Gruppe kennengelernt und freue mich sehr, wenn es mir möglich sein soll, auch diese Männer näher kennenzulernen. Wenn Sie den Oxforder Vortrag für geeignet halten, so bin ich natürlich ganz einverstanden. Allenfalls würde sich auch der dritte Londoner eignen. Für die Einleitung gebe ich Ihnen plein pouvoir. Dem Herrn Tatlow[4] werde ich sofort schreiben.

4. Ich habe aus Oxford einen Brief, den ich leider nicht dechiffrieren kann (so muß man bei dieser Handschrift wohl sagen). Nicht einmal die Unterschrift ist zu entziffern: Cautsly? gibt es etwas Derartiges. Als Adresse steht am Kopf University College. Ich will sehen, ob ich jemand finde, der englische Handschriften gewohnt ist. Ich habe bisher alle lesen können. Aber hier versagt meine Kunst. Ich kann kaum ein paar Worte lesen und den Sinn nicht erraten.

5. Daß ich Herrn Kemp Smith nicht treffen werde, tut mir besonders leid. Ich wollte Sie schon nach seiner Adresse fragen, um ihm mein Buch zu schicken. Ich habe es bis jetzt nur unterlassen, weil ich seine Adresse nicht kannte, und habe dann Sie danach zu fragen über anderem vergessen. Ich werde es im Sommer nachholen.

Das ist für dieses Mal alles. Es geht uns und mir leidlich. Ich habe mich acht Tage auf dem Lande erholt

[3] Im Original: „Christian Student Movement".

[4] Im Original: „Tattow"; gemeint ist sicher Canon Tissington Tatlow (1876-1957), der Ehrenkaplan der überkonfessionellen Student Christian Movement war und 1933 eine Monographie über diese Vereinigung veröffentlichte.

und das Herz an guten Freunden gestärkt, was heute die einzige irdische Stärkung ist. Jetzt stecke ich wieder in einer enormen Arbeitslast. Dabei wird es Zeit, Paß und Reise vorzubereiten. Auch die Route muß ich erst ausstudieren; ich denke über Holland und Rotterdam.

Gott behüte Sie. Herzlichste Grüße von Ihrem getreu ergebenen

E. Troeltsch

Briefe
Marta Troeltschs an Friedrich von Hügel

Nr. 1

Charlottenburg, 10. II. 23.

Sehr verehrter, lieber Herr Baron!

Ihre warmen, treuen Freundesworte sind durch alle die Trübsal, in der ich stehe, zu mir gedrungen und haben mir sehr, sehr wohlgetan. Jeder Versuch, Ihnen ein Wort des Dankes zu sagen, scheiterte bisher bei mir an der Größe des Schmerzes, der noch kein Maß finden kann. Es ist so furchtbar schwer für mich, ihn zu verlieren, weil er so unendlich viel war. Eine so reiche und volle Persönlichkeit hinterläßt natürlich eine unendliche Leere. — Was die Wissenschaft und die deutsche Nation verloren haben, das können wohl andere besser beurteilen als ich; was an dem Menschen Ernst Troeltsch verlorengegangen ist, das weiß niemand besser als ich. Und das ist mir ein Trost in meinem tiefen Leid, zu denken, wie wundervoll es war, eine so große Strecke meines Lebensweges mit einem so prachtvollen Menschen zurückgelegt zu haben.

Nun hat die Last der Arbeit, des Kampfes, des heißen Miterlebens, die er seit 1914 auf sich genommen, dieses starke Herz vor der Zeit gebrochen[1]! Er fühlte die ungeheure Verpflichtung, die für einen Menschen von seinem Range von diesem Augenblick an übernommen werden mußte, *und er hat sie erfüllt.* Auch dieses weiß niemand besser als ich. Wie wenige konnten sich mit ihm messen! Er war einer derer, an

1 Vorstehender Text ab: „Nun hat die Last . . ." im Nachruf von Hügels auf Ernst Troeltsch.

die man glaubte und die Zuversicht und Kraft auch in schwerster Zeit einflößten. Es ist, als ob diese Starken, die am meisten tragen und am meisten auf sich nehmen, uns alle genommen werden sollen — Naumann, Max Weber und nun auch er. Aber sein Vorbild und sein Geist wird weiterwirken in vielen, ich bin davon überzeugt; sein Tiefstes ist nicht verloren, es wird leben und wirken. — Ohne ihn und Max Weber aneinander messen zu wollen — aber das *Positive* und das *Zukünftige* empfand ich doch noch stärker in ihm, schöpferischer auch für das gesamte geistige Leben der Nation. Dieses Bild steht leuchtend auch vor meiner Seele, dieses Licht leuchtet in das Dunkel meines Schmerzes und meiner Trauer. Möchte mein Sohn, der nun den Namen seines Vaters unter den Menschen zu tragen hat, seinen eigenen Weg von diesem Licht erleuchtet finden! Die Aufgabe, ihm dabei zu helfen und zu dienen, macht mich stark.

Ihnen danke ich von Herzen für Ihr starkes Mit-Leiden und für jedes gute, liebevolle Wort. Sie haben ihn verstanden und geliebt und mit ihm gelitten. Es ist so schön für mich zu hören, wieviel dieser Mann Ihnen bedeutet — gegeben hat! Und ich danke Ihnen noch besonders, daß Sie seine letzte Arbeit denen geben wollen, für die sie gedacht ist[2]. — Ich finde es sehr rührend, daß Sie so für uns sorgen und alles Geschäftliche, von dem ich so wenig verstehe, für mich ordnen wollen. Ich bleibe in unserer Wohnung, von der ich freilich einen Teil vermieten muß. — Von meinem Manne habe ich leider augenblicklich kein größeres Bild, ich lasse aber jetzt Vergrößerungen

[2] Vgl. Einleitung S. 41.

machen und schicke es Ihnen, sobald ich ein gutes habe.
Mit der Bitte, Ihrer Frau Gemahlin und Ihren Töchtern herzlich für ihre Teilnahme von mir zu danken

Ihre sehr ergebene
Marta Troeltsch

Nr. 2

Charlottenburg, Reichskanzlerplatz 4I
d. 23. V. 23.

Verehrter Herr Baron, ich komme wieder mit einem ganzen Haufen von Danksagungen, die ich Ihnen schulde. Sie haben sich angesammelt, länger als mir lieb ist; denn schon längst empfinde ich das Bedürfnis, Ihnen zu sagen, wie tief verpflichtet ich mich Ihnen für all die Güte fühle, die Sie mir erweisen. Insbesondere hat mich die feinsinnige Art ergriffen, in der Sie in dem mir freundlichst übersandten Aufsatz das Bild meines Mannes zeichnen. Aus ihr spricht persönliche Freundschaft und wissenschaftliche Vertiefung, und beides zusammen wirkt zusammen, um einen klaren Einblick in das Wesen und Schaffen meines Mannes zu gewähren. Eine wertvolle Ergänzung bildet die Abhandlung des Herrn Baker, der in seiner mehr kritisch-wissenschaftlichen Weise und doch so warmherzig seinem Gegenstand gerecht wird. Das und alles andere, wofür ich Ihnen zu danken habe, wollte ich Ihnen schon immer sagen, aber ich bin so überhäuft mit allen möglichen Dingen und Geschäften, die sich aus der Veränderung meiner Lage ergeben, daß ich nur schwer zu einer Korrespondenz komme, die nicht bloß in einigen sachlich-formellen Worten bestehen soll. Gerade zu Ihnen will ich aus dem Herzen sprechen, und zum Zeichen dessen überreiche ich Ihnen ein besonders gutes Bild meines Mannes, das Ihnen vielleicht eine wehmütige Freude bereiten wird. Sie aber bitte ich immer wieder, mir und meinem Sohne die Freundschaft zu bewahren, die Sie jetzt so rührend betätigen, und verbleibe mit den herzlichsten Grüßen und guten Wünschen für Ihre Gesundheit

Ihre Ihnen stets ergebene
Marta Troeltsch

Personenregister